Rosa-Maria Dallapiazza | Sand
Roland Fischer | Anja Schümar

MW00768642

Ziel B1+

Deutsch als Fremdsprache

Kursbuch

Lektion 1–8
Niveau B1+

Hueber Verlag

Das Werk und seine Teile sind urheberrechtlich geschützt.
Jede Verwertung in anderen als den gesetzlich zugelassenen Fällen
bedarf deshalb der vorherigen schriftlichen Einwilligung des Verlags.

Hinweis zu § 52a UrhG: Weder das Werk noch seine Teile dürfen
ohne eine solche Einwilligung überspielt, gespeichert und in ein
Netzwerk eingespielt werden. Dies gilt auch fur Intranets von Firmen,
Schulen und sonstigen Bildungseinrichtungen.

Eingetragene Warenzeichen oder Marken sind Eigentum des jeweiligen
Zeichen- bzw. Markeninhabers, auch dann, wenn diese nicht
gekennzeichnet sind. Es ist jedoch zu beachten, dass weder das
Vorhandensein noch das Fehlen derartiger Kennzeichnungen die
Rechtslage hinsichtlich dieser gewerblichen Schutzrechte berührt.

3. 2. 1. | Die letzten Ziffern
2016 15 14 13 12 | bezeichnen Zahl und Jahr des Druckes.
Alle Drucke dieser Auflage können, da unverändert,
nebeneinander benutzt werden.
1. Auflage
© 2012 Hueber Verlag, 85737 Ismaning, Deutschland
Umschlaggestaltung: Marlene Kern Grafik Design, München
Layout: Marlene Kern Grafik Design, München
Druck: Himmer AG, Augsburg
Printed in Germany
ISBN 978-3-19-001676-1

Inhalt

Vorwort

Liebe Lernerinnen und Lerner,

 das Lehrwerk **Ziel B1+** besteht aus einem **Kursbuch** mit **acht Lektionen**.

■ Jede Lektion hat 10 Seiten.

 Eine Lektion beginnt immer mit einer **Einstiegsseite**.

Hier finden Sie eine **Übersicht** über die einzelnen Lernziele, über die Grammatikthemen und über die Textsorten.

Mit den **Einstiegsaufgaben** steigen Sie in das Thema einer Lektion ein.

 In den **Lektionsabschnitten A, B, C …** lernen Sie mit den verschiedenen Lese- und Höraufgaben sowie den Sprech- und Schreibanlässen Schritt für Schritt alles, was Sie zum Erreichen des Lektionsziels brauchen.

 ■ Die **Tracknummern** zeigen Ihnen, wo Sie die Hörtexte auf der **Audio-CD 1** oder **2** finden.

 ■ Diese **Verweise** sind Ihr Wegweiser vom Kursbuch ins Arbeitsbuch. Sie sagen Ihnen, welche Übungen Sie an dieser Stelle machen können.

 ■ **Fokus-Grammatik-Seiten**.
Auf diesen werden wichtige Themen der Grammatik zusammengefasst und systematisiert. Die Lösungen zu den Aufgaben finden Sie im Anhang.

 ■ Auf der **Übersichtsseite** werden Wendungen und Ausdrücke sowie die Grammatikinhalte jeder Lektion übersichtlich zusammengefasst.

■ Im **Arbeitsbuch** finden Sie zu jedem Thema des Kursbuchs das passende Angebot:

GRAMMATIK: Die B1-Grammatik wird wiederholt, geübt und gefestigt.

WORTSCHATZ: Der B1-Wortschatz wird wiederholt und geübt.

LERNWORTSCHATZ: Enthält alle Wörter der Niveaustufe B1, die in der Lektion vorkommen.

SÄTZE BAUEN:
TEXTE BAUEN: Sätze und Texte werden mithilfe der Wendungen und Ausdrücke formuliert.

PHONETIK: Übungen zur Aussprache

ÜBUNGEN ZU PRÜFUNGEN: Hier finden Sie beispielhafte Aufgaben als Prüfungstraining.

■ Auf der **Lerner-CD-ROM** zum Arbeitsbuch finden Sie die Lernwortlisten, eine Grammatikübersicht, die Wendungen und Ausdrücke, das Lernerportfolio sowie die Hörtexte des Arbeitsbuchs.

■ Zu dem Kursbuch gibt es darüber hinaus noch umfangreiches Zusatzmaterial. Detaillierte Informationen finden Sie unter www.hueber.de.

Mit Ziel B1+ kommen Sie sicher an Ihr Ziel!

Ihr Autorenteam

1 Glückwunsch

2 Viel Spaß

3 Mal was anderes!

4 So war's

0 Freut mich

1.2

1 Sehen Sie das Bild an und hören Sie zu.
Lösen Sie dann die Aufgaben a und b.

a Um was für ein Fest handelt es sich?
Kreuzen Sie an.

1 ☐ ein Familienfest
2 ☐ ein Schulfest
3 ☐ ein Betriebsfest
4 ☐ ein überregionales Fest eines wohltätigen* Vereins

b Kennen sich die Personen?
Was ist richtig? Kreuzen Sie an.

1 ☐ Die Personen kennen sich alle sehr gut.
2 ☐ Viele Personen kennen sich nicht.

* = karitativ,
setzt sich für andere ein,
zum Beispiel Rotes Kreuz.

2 Rollenspiel: Auf dem Fest eines wohltätigen Vereins
Arbeiten Sie zu zweit. Partner 1 übernimmt Rolle A, Partner 2 übernimmt Rolle B.
Führen Sie mit Ihrer Partnerin / Ihrem Partner ein Gespräch.

Rolle A	Rolle B
Auf Seite 91/92 finden Sie Ihre Personenbeschreibung. Beantworten Sie die Fragen Ihrer Partnerin / Ihres Partners. Sie/Er hat zu allen Punkten ebenfalls Informationen. Stellen Sie ihr/ihm Fragen.	Auf Seite 94/95 finden Sie Ihre Personenbeschreibung. Beantworten Sie die Fragen Ihrer Partnerin / Ihres Partners. Sie/Er hat zu allen Punkten ebenfalls Informationen. Stellen Sie ihr/ihm Fragen.

Die folgenden Wendungen und Ausdrücke helfen Ihnen.

Kennen Sie hier viele Leute?
Ich bin heute zum ersten Mal hier. Ich heiße ... / Mein Name ist ...
Freut mich. ...
Sind Sie Herr / Frau Meier aus Dortmund?
Entschuldigung, sind Sie vielleicht der Ausbilder / die Ausbilderin / ... aus ...?
Entschuldigung, kommen Sie vielleicht aus ...
Darf ich Sie kurz was fragen? Wissen Sie, wo es hier die Getränke gibt?
Oh, entschuldigen Sie, kennen Sie sich? Nein, das ist ...
Darf ich Ihnen ... vorstellen.
Ja. / Nein, wir sind uns noch nicht begegnet.
Freut mich, Herr / Frau ...
Und was machen Sie im Verein?

AB 1–5   GRAMMATIK 1–5

1 Glückwunsch

1 Auf welche Feste beziehen sich die Karikaturen?
Was glauben Sie? Ordnen Sie zu und vergleichen Sie im Kurs.

1 Hochzeit ▪ **2** Silvester ▪ **3** Namenstag ▪ **4** Nikolaustag ▪ **5** Karneval / Fasching ▪ **6** Geburtstag ▪ **7** Jubiläum

A

DU HAST IHN NUN LANGE GENUG PUSTEN LASSEN. SAG IHM SCHON, DASS DIE KERZEN ELEKTRISCH SIND...

B

EIN WIRKLICH HÜBSCHES KOSTÜM ... UND JETZT BITTE DEN FÜHRERSCHEIN!

C

KANN ICH DIE STELLE MIT DEN "SCHLECHTEN TAGEN" NOCH MAL HÖREN, BEVOR ICH MICH ENDGÜLTIG ENTSCHEIDE?

D

Mir was vornehmen? Ach was!!!

2 Würden Sie solche Karten mit Karikaturen verschicken? Sprechen Sie im Kurs.

Lernziele:
→ Glückwünsche formulieren und auf Glückwünsche reagieren
→ gute Wünsche formulieren und darauf reagieren
→ Mitleid ausdrücken und Mut machen
→ gratulieren
→ über Feste sprechen

Textsorten:
Radiosendung ▪
Sachtext ▪
Grußkarte ▪
Gespräch ▪
E-Mails ▪
Internetseite

Grammatik:
dass-Sätze ▪
indirekte Fragesätze mit *ob* und Fragewörtern

A Mein Lieblingsfest

🔘 1.3–8

A1 Radiosendung: Welches Fest ist für Sie das schönste im Jahr?
✗ Wer sagt was? Hören Sie die Radiosendung und ergänzen Sie die Lösungen in Stichworten.

Geburtstag ▪ Pfingsten ▪ Weihnachten ▪ Ostern ▪ Namenstag ▪

Michael
Fest: ....

Warum: ....

.... bis Neujahr ....

Frido
Fest: ....

Warum: ....

....

Sonja
Fest: ....

Warum: kauft gern ....

....

Andi
Fest: ....

Warum: viel Spaß ....

....

Jule
Fest: ....

Warum: mit ....

....

> Du meinst, **dass**
> Pfingsten dein
> Lieblingsfest **ist**?
> GRAMMATIK 2

AB 1–3

WORTSCHATZ 1
SÄTZE BAUEN 3

A2 Glückwünsche und Festtagsgrüße auf deutsch
✗ Wie sagt und schreibt man das? Was passt?
Ergänzen Sie die Sprechblasen und die Grußkarten.
Achten Sie dabei auf die korrekte Form. Manche Wörter passen mehrmals.

froh ▪ schön ▪ fröhlich ▪ herzlich ▪ glücklich ▪ gut

Frohe .... Ostern!

Pfingsttage.

.... Feiertage!

.... Weihnachten

.... Pfingsten

.... Ostern!

.... Glückwunsch zum Geburtstag!

.... neues Jahr

.... Glückwunsch zum Namenstag.

A3 Welche Feste und Feiertage gibt es in Ihrer Heimat?
Wie formuliert man die Wünsche?

– Erzählen Sie, welche Feste und Feiertage im deutschsprachigen Raum Sie
auch in Ihrer Heimat haben und welche nicht.
– Erzählen Sie auch, welche Feste und Feiertage typisch für Ihre Heimat sind und
was man da sagt oder schreibt.
– Sagen Sie, welches Ihr persönliches Lieblingsfest ist und warum.

„Guten Rutsch!"

B1 Eine Silvesternacht

a Was macht man in der Silvesternacht/Neujahrsnacht?
Ordnen Sie zu. Vergleichen Sie im Kurs.

1 Blei gießen – die Zukunft voraussagen ■ 2 anstoßen – sich ein gutes neues Jahr wünschen ■ 3 mit vielen Freunden, Bekannten, Menschen zusammen feiern ■ 4 sich Glücksbringer schenken ■ 5 Neujahrswünsche verschicken ■ 6 Feuerwerk machen ■ 7 mit Silvesterknallern Lärm machen ■ 8 Neujahrskrapfen backen

b Was aus a kennen Sie? Was haben Sie schon mal erlebt?
Was machen Sie selbst an Silvester? Sprechen Sie im Kurs.

B2 Neujahrsbräuche

a Lesen Sie die Überschriften. Lesen Sie dann den Text. Welche Überschrift
passt zu welchem Abschnitt? Sie müssen nicht alles verstehen! Schreiben Sie.

1 Wann Neujahr gefeiert wird
2 Glücksbringer fürs neue Jahr
3 Was auf den Teller kommt, ist sehr wichtig

A ....

An vielen Orten der Welt werden zum Jahreswechsel große Neujahrsfeste gefeiert und im Fernsehen gezeigt. In den deutschsprachigen Ländern beginnt das neue Jahr wie in den meisten Ländern, die nach dem gregorianischen Kalender rechnen, am 1. Januar. Das gilt für den Kalender, für das Geschäftsleben und für das Alltagsleben.

Aber daneben gibt es noch weitere religiös oder kulturell definierte Jahreswechsel. So feiern die griechisch-orthodoxen Christen ihren Neujahrstag am 6. Januar.

Viele Kulturen haben jedoch einen beweglichen Neujahrstag. Im Judentum zum Beispiel wird der Jahresbeginn nach Mondjahren berechnet. Ebenso ist der in einigen Ländern ebenfalls gültige islamische Kalender ein Mondkalender. Der Jahreskalender des Iran (wird in Iran und Afghanistan verwendet) ist wiederum ein Sonnenkalender.

In China, Korea und Vietnam begrüßt man das neue Jahr zwischen Ende Januar und Ende Februar. Neujahr ist das größte Fest des chinesischen Kulturkreises, das drei Tage lang mit wunderschönen Drachen- und Löwenumzügen gefeiert wird.

B   ....

So unterschiedlich und verschieden die Kulturen oft sind, so ähnlich ist das Brauchtum zum Jahresbeginn (auch wenn es sich optisch und im Detail stark unterscheidet). Viele Regeln des Jahreswechsels haben ihren Ursprung im folgenden Gedanken: „Wie das Jahr anfängt, so ist das ganze Jahr." So werden oft besonders gute Sachen gegessen, damit man das ganze Jahr über genug zu essen hat. Manche Speisen sind aber auch Symbole für das neue Jahr, wie die zwölf Weintrauben in Spanien. Zu jedem Glockenschlag um zwölf Uhr muss man eine Weintraube essen. Krach und Lärm vertreiben auf der ganzen Welt böse Geister, das heißt, wenn man viel Krach und Lärm macht, dann wird einem im kommenden Jahr nichts passieren.

C   ....

Überall gibt es kleine Neujahrsgeschenke und Glücksbringer. Im deutschen Sprachraum sind besonders das Glücksschwein, der Schornsteinfeger, das Hufeisen, das vierblättrige Kleeblatt, der Glückspfennig und der Marienkäfer verbreitet. Es gibt sie als kleine Figuren oder als Süßigkeit aus Marzipan oder Schokolade. Sie bringen einem Glück oder schützen einen vor Unglück.

b Lesen Sie die Aufgaben 1–5.
Lesen Sie dann noch einmal den Text und entscheiden Sie:
Sind die Aussagen richtig oder falsch? Kreuzen Sie an.

richtig falsch

1 In Deutschland, in Österreich und in der Schweiz feiern die Leute ihr privates Neujahrsfest gern am 6. Januar. ☐ ☐
2 Im Alltag fängt das neue Jahr fast auf der ganzen Welt am 1. Januar an. ☐ ☐
3 Viele Religionen und Kulturen feiern Neujahr zu einem anderen Zeitpunkt. ☐ ☐
4 Jedes Land hat seine ganz typischen Neujahrsbräuche mit eigenen Bedeutungen. ☐ ☐
5 Viel und gutes Essen am Neujahrstag bedeutet, dass man das ganze Jahr genug zu essen hat. ☐ ☐
6 Man weiß nicht, ob Neujahrsgeschenke helfen, deshalb verschenkt man sie heute nicht mehr. ☐ ☐

AB 4–7   WORTSCHATZ 4
TEXTE BAUEN 5–7

B3   Eine Grußkarte schreiben
Schreiben Sie einer deutschen Freundin / einem deutschen Freund
eine Karte zum neuen Jahr. Schreiben Sie etwas zu folgenden Punkten.

– gute Wünsche
– Fragen, wie sie / er feiert
– Informationen, wann und wie Sie in Ihrer Heimat feiern

Schreiben Sie die Karte auf ein extra Blatt.
Geben Sie sie Ihrer Lernpartnerin / Ihrem Lernpartner.

B4   Schreiben Sie eine kurze Antwort auf die Karte, die Sie bekommen haben (siehe B3).
Bedanken Sie sich und beantworten Sie die Fragen.
Die folgenden Wendungen und Ausdrücke helfen Ihnen.

Danke für deine lieben Worte / deine liebe Karte. ■ Danke für die guten Wünsche.
Auch wir wünschen dir … ■ Danke, dass du an mich / an uns gedacht hast. ■
Das ist aber lieb, dass du an rutch / uns denkst.

C1 **a** Welche Prüfungen oder ähnliche Situationen kennen Sie?
Sammeln Sie im Kurs.

Abschlussprüfung am Ende ein Schulzeit

Vorstellungsgespräch

Führerscheinprüfung

Sprachprüfung

b Welche Prüfungen oder ähnliche Situationen sind für Sie schwierig? Welche leicht?
Sprechen Sie im Kurs.

1.9

C2 **a** Anka trifft ihren Freund Ferenc in der Uni. Lesen Sie die Sätze 1–10.
Hören Sie das Gespräch. Was wollte Anka wissen? Kreuzen Sie an.

Sie wollte wissen, ...

1 was mit ihm los ist. ☐
2 warum er nicht ans Telefon gegangen ist. ☒
3 was die Prüfung für ihn bedeutet. ☒
4 ob er nicht gelernt hat. ☒
5 ob er faul war. ☐

6 ob er krank ist. ☐
7 ob er Mathe nicht verstanden hat. ☒
8 ob sie ihm helfen soll. ☒
9 was dann das Problem ist. ☒
10 wie es ihm geht. ☒

1.9

b Was wünscht sie ihm, als sie sich verabschieden? Kreuzen Sie an.
Vergleichen Sie.

AB 9, 10

..., ob er krank ist.
..., wie es ihm geht.
... warum er nicht ans
Telefon gegangen ist.
GRAMMATIK 9, 10

Kopf hoch. ☐   Du schaffst das. ☐   Wird schon nicht so schlimm. ☐

Das ist Pech. ☐   Schade, dass du das nicht kannst. ☐   Es tut mir wirklich leid. ☐

Viel Spaß. ☐   Hals- und Beinbruch! ☐   Viel Glück. ☐

C3 Spielen Sie zu zweit ähnliche Dialoge.
Ihre Aufgabe finden Sie auf Seite 97.

AB 8–12

WORTSCHATZ 8
SÄTZE BAUEN 11
TEXTE BAUEN 12

D Drei E-Mails – drei Reaktionen

a Lesen Sie die drei E-Mails. Welche E-Mail passt zu welcher Aussage?
Ordnen Sie zu.

1 Die Person hat eine wichtige Prüfung bestanden. ☐
2 Die Person hat ihre Traumstelle bekommen. ☐
3 Die Person muss ihre Pläne ändern. ☐

A
Hallo Sylke,
danke für Deine Nachricht.
Ich bin gestern nicht ans Telefon gegangen. Ich hatte einen schlechten Tag. Ich
weiß nicht, ob Du mich verstehst, aber ich habe die Führerscheinprüfung nicht
bestanden. Und ich wollte doch nächste Woche mit dem Auto nach Wien fahren. Das klappt jetzt nicht und ich muss die Prüfung in acht Wochen wiederholen. So ein Mist. Ich würde morgen gern mit Dir Pizza essen. Hast Du Zeit?
Bis dann, Jens.

B
Liebe Helene,
erinnerst Du Dich daran, dass ich mich für ein Praktikum bei einer
Marketingfirma in Hamburg beworben habe? Ich habe gestern die Nachricht
erhalten, dass ich den Platz bekommen habe. Am 1. Juni geht es los. Ich bin
überglücklich. Danke, dass Du mir immer die Daumen gedrückt hast. Kommst
Du mich im Sommer dann mal besuchen?
Deine glückliche Moni

C
Hi Ben,
wie geht's? Hier alles klar. Der Sommer kann kommen. Ich habe gestern erfahren,
dass ich den Italienisch-Test geschafft habe und im Herbst in Passau an der
Uni mit meinem Studium anfangen kann. Hoffe, dass Du auch bald eine Zusage
aus Berlin bekommst. Nächsten Freitag grillen wir bei Marc. Kommst Du auch?
Gruß Dieter

b Lesen Sie die E-Mails noch einmal.
Unterstreichen Sie die wichtigen Informationen. Markieren Sie die Fragen.

c Spontaner Anruf   AB 13   SÄTZE BAUEN 13
Wählen Sie eine E-Mail aus. Greifen Sie zum „Handy" und rufen Sie
die Verfasserin / den Verfasser spontan an. Sagen Sie, warum Sie anrufen,
reagieren Sie auf die Nachricht und beantworten Sie die Frage.
Ihre Lernpartnerin / Ihr Lernpartner übernimmt die andere Rolle.

> Hallo, grüß dich, habe gerade deine E-Mail gelesen. Hör mal, das ist
> ja super! Gratulation. Ich freu mich ja so, dass ... Ich weiß noch nicht,
> ob ich Zeit habe. Kann ich dich morgen noch mal anrufen?

Herzlichen Glückwunsch. ■ Ich gratuliere dir zu ... ■ Gratulation. ■ Schön, dass ... ■
Ich bin sehr froh, dass ... ■ Fantastisch! ■ Ich freue mich (ja so), dass ... ■ Ich weiß nicht,
wie du das immer machst, du Glückspilz. ■ Kopf hoch. ■ Ist doch nicht so schlimm. ■
Das ist wirklich Pech. ■ Schade, dass ... ■ Es tut mir (wirklich) leid, (dass ...,) (aber ...) ■
Beim nächsten Mal schaffst du es. ■ Nur nicht die Hoffnung verlieren. ■ Beim nächsten Mal
klappt es. ■ Das kann doch jedem mal passieren.

Fokus Grammatik: *dass*-Sätze, indirekte Fragesätze mit *ob* und Fragewörtern

1.10, 11

1 a Sie hören ein Gespräch. Einmal hören Sie es ohne die Informationen, dann mit den Informationen. Lesen Sie dann die Regeln in Aufgabe b.

- Was sagst du?
- Ich sagte …
- Ja, das finde ich auch.
- Ich will wirklich wissen, …
- Bestimmt.
- Ich meine wirklich, …
- Das freut mich. So sehe ich das auch.
- Na ja, also weißt du eigentlich …
- Ja, das weiß ich genau.

b Lesen Sie die Regeln genau.

1 Ein Satz wie *Er sagt.* ist nicht vollständig*. Man will wissen, **was** die Person sagt. * = komplett
   Man kann den Satz nur mit einer Information verstehen: *Er sagt, dass es morgen regnet.*

2 Nach *sagen / meinen / denken / …* folgt meist ein *dass*-Satz.

3 Nach den Verben *fragen / nicht wissen / …* folgt ein indirekter Fragesatz.
   a Wenn die Frage eine Ja/Nein-Frage ist, fängt der Nebensatz mit *ob* an.
   b Wenn die Frage eine Frage mit Fragewort (*wer?*, *wo?*, *wann?* …) ist, dann fängt der Nebensatz mit *wer / wo / wann / …* an.

c Markieren Sie in den folgenden Sätzen die „Informationen" wie in den Beispielen. Welche Regel aus b passt? Ordnen Sie 2, 3a oder 3b zu.

1 Du, ich habe gerade im Radio *gehört*, dass es morgen wieder regnet. ....2....
2 Ich *weiß* wirklich *nicht*, wie ich diese Aufgabe lösen soll. ....3b....
3 Du, ich *frag* jetzt den Mann da, wie wir am besten zum Bahnhof kommen. ....
4 Weißt du eigentlich, warum heute die Geschäfte geschlossen sind? ....
5 Das Kind bemerkte in letzter Sekunde, dass ein Auto um die Ecke kam. ....
6 Mir ist zum Glück wieder eingefallen, dass ich noch Milch kaufen muss. ....
7 Weißt du eigentlich, dass Julian nach London zieht? ....
8 Ich weiß noch nicht, ob ich zu dem Fest gehe. ....

2 a Ergänzen Sie den *dass*-Satz. Achten Sie auf die Position des Verbs.

1 „Ich finde Sophia nett." – Er sagt, *dass er* .... (er)
2 „Ich habe mich bei einer Marketingfirma für ein Praktikum beworben." –
   Weißt du eigentlich, ... (ich)
3 „Ich habe den Italienischtest geschafft." –
   Ich habe gestern erfahren, ... (ich)

b *ob*-Satz oder Satz mit Fragewort? Ergänzen Sie. Achten Sie auf die Position des Verbs.

1 Ich weiß wirklich nicht, ...
   .... (Schlafen die Kinder schon?)

2 Erzähl mir doch, ...
   .... (Was ist passiert?)

3 Sag mir doch endlich, ...
   .... (Ist etwas passiert?)

4 Tut mir leid. Ich weiß nicht mehr, ...
   .... (Wann hat sie das gesagt?)

5 Wissen Sie, ...
   .... (Wie funktioniert das Gerät?)

6 Ich weiß auch nicht, ...
   .... (Funktioniert das Gerät jetzt?)

7 Sie will wissen, ...
   .... Was soll ich ihr sagen?
   (Warum bist du gestern nicht gekommen?)

3 Emotional reagieren
Ausdrücke wie *Das freut mich, … / Schade, … / Toll …* stehen oft allein.
Es können aber auch *dass*-Sätze folgen. Ergänzen Sie.

1 „Ich habe die Prüfung geschafft."

Das freut mich, ... (du)

Schön, ... (du)

2 „Ich habe die Prüfung nicht geschafft."

Das tut mir aber leid, ... (du)

Schade, ... (du)

4 *dass*-Sätze und indirekte Fragesätze nach Verben mit Präpositionen
Lesen Sie die folgenden Sätze und ergänzen Sie wie im Beispiel.

1 Ich muss noch einkaufen.
Erinnerst du mich bitte *daran, dass ich noch einkaufen muss*...? | erinnern an

2 Morgen fällt der Unterricht aus.
Informieren Sie bitte Ihre Teilnehmer, ... | jemanden informieren über

3 Wie erklären wir das den Kindern?
Wir müssen .... *nachdenken*, ... | nachdenken über

4 Die Stadt baut mehr Kindergärten.
Wir sind ...., ... | für etwas sein

5 Nach den Verben *sagen / erzählen / wissen / erklären / verstehen / …* kann
ein Satz stehen (*dass*-Sätze, *ob*-Sätze und indirekte Fragesätze mit Fragewort) oder
eine Ergänzung im Akkusativ.
Lesen Sie die Sätze und markieren Sie die „Informationen" wie in den Beispielen.

1 Ich erzähle dir Lisas Geschichte.
Ich erzähle dir, was Lisa passiert ist.

2 Ich habe den Vortrag von Herrn Meier nicht verstanden.
Ich habe nicht verstanden, was Herr Meier gesagt hat.

3 Ich weiß, dass die Geschäfte morgen geschlossen sind.
Ich weiß das.

4 Können Sie uns vielleicht den Weg erklären?
Können Sie uns sagen, wie wir dahin kommen?

5 Mir ist zum Glück noch eingefallen, dass ich einen Termin bei meinem Chef habe.
Mir ist zum Glück noch der Termin bei meinem Chef eingefallen.

6 Kannst du mir noch einmal sagen, wie deine Telefonnummer ist?
Kannst du mir noch einmal deine Telefonnummer sagen?

7 Erklär mir doch mal bitte, wie diese Mathematikaufgabe geht.
Erklär mir doch mal bitte diese Mathematikaufgabe.

Im Angebot

a Sie haben so viel zu erledigen, Sie wissen gar nicht, wie Sie das schaffen sollen.
Da finden Sie eine vielversprechende Internetseite.
Lesen Sie, was Sie suchen (1–5) und lesen Sie dann die Angebote (A–G).
Welches Angebot passt? Ordnen Sie zu.

1 Sie brauchen für Freunde, die bald heiraten, noch ein Geschenk.
2 Sie brauchen für Ihr Sommerfest am Samstag noch jemanden, der das Essen bringt.
3 Sie müssen Ihrer Freundin zum Geburtstag gratulieren und haben keine Karte.
4 Sie suchen ein passendes Geschenk für Ihre Freunde, die ein Kind bekommen haben.
5 Sie suchen einen Raum für eine Feier mit 25 Personen.

Für jedes Fest, für jeden Anlass das Passende. Sie haben keine Zeit, sich tagsüber um
Ihre Feste, Ihre Anlässe, Ihre Verpflichtungen, Ihre Einladungen zu kümmern? Setzen
Sie sich abends an Ihren Rechner, bei uns finden Sie garantiert das passende Angebot.

Zur Orientierung: Hier finden Sie eine kurze Beschreibung unseres Angebots in unseren virtuellen Abteilungen.

Klappkarten vom Kreativteam **A** ☐

Das Kreativteam entwirft Karten bester Qualität.
Karten für alltägliche Situationen mit Platz für eigene
Gedanken und Glückwünsche. Die Geschenkbox ent-
hält 10 Klappkarten mit verschiedenen Motiven und
10 Briefumschläge. 15 Euro, keine Versandgebühren.
Klicken Sie auf weiter. *weiter*

Partyservice Nicola **B** ☐

Gleich ob Geburtstagsfeier, Hochzeit, Firmen-
feste oder private Feste am Wochenende, der
Partyservice Nicola liefert gern zu jeder Zeit und
zu jedem Ort, ganz nach Ihren Wünschen und
für jeden Geschmack das passende Buffet.
Klicken Sie auf weiter. *weiter*

**Geschenktische und
Ideen für die Hochzeit** **C** ☐

Bei uns finden Sie Porzellan, Bestecke, Gläser und alles, was das Brautpaar sich wünscht – nur von hoch-
wertigen Herstellern. Jeder Artikel immer lieferbar.
Klicken Sie auf weiter. *weiter*

**Haus Schwerin –
Räumlichkeiten mit dem großen Plus** **D** ☐

Für jede Feier das Richtige: exklusive Buffets,
bester Service, passende Dekoration; Musiker
aller Stilrichtungen, Clowns oder Zauberer sor-
gen für gute Stimmung. Unsere kostenlose
Kinderbetreuung erspart Ihnen den Babysitter.
Wir bieten Ihnen Räume für Gruppen bis zu 30
Personen. Klicken Sie auf weiter. *weiter*

Wie süß! **E** ☐

Suchen Sie ein Geschenk zur Geburt, zur Taufe, zum
ersten Geburtstag? Fünf niedliche Accessoires zum
Bestellen, über die sich Babys – und ihre Eltern – garantiert freuen. Klicken Sie auf weiter. *weiter*

Das passende Mitbringsel **F** ☐

Sie sind eingeladen und wissen nicht, was Sie
mitbringen sollen? Sie suchen die passende
Kleinigkeit? Nicht zu teuer und doch etwas Be-
sonderes, etwas Persönliches? Hier finden Sie es
garantiert. Klicken Sie auf weiter. *weiter*

**Schöne Sträuße für jede Gelegenheit –
Geburt, Geburtstag, Hochzeitstag** **G** ☐

Ihre Blumensträuße oder Topfpflanzen sind innerhalb von 24 Stunden beim Empfänger. Hier finden Sie
für jede Gelegenheit den passenden Strauß – oder
lassen Sie sich Ihren individuellen Strauß zusammen-
stellen. Klicken Sie auf weiter. *weiter*

b Welches Angebot gefällt Ihnen gut? Wo würden Sie auf „weiter" klicken?
Sprechen Sie im Kurs.

Glückwünsche formulieren (→A2)

Frohe Ostern!
Fröhliche Ostern!
Frohe Pfingsttage.
Frohe Pfingsten.
Schöne Feiertage.
Herzlichen Glückwunsch zum Geburtstag!
Herzlichen Glückwunsch zum Namenstag.
Fröhliche Weihnachten.
Frohe Weihnachten.
Frohes / Gutes neues Jahr.
Glückliches neues Jahr.

sich für Glückwünsche bedanken (→B4)

Danke für deine lieben Worte/
   deine liebe Karte.
Danke für die guten Wünsche.
Auch wir wünschen dir ...
Danke, dass du an mich / an uns
   gedacht hast.
Das ist aber lieb, dass du an mich /
   uns denkst.

Mut machen (1) (→C2b)

Kopf hoch.
Du schaffst es.
Wird schon nicht so schlimm.
Hals- und Beinbruch.
Viel Glück.

gratulieren (→D2)

Herzlichen Glückwunsch.
Ich gratuliere dir zu ...
Gratulation.
Schön, dass ...
Ich bin froh, dass ...
Fantastisch!
Ich freue mich (ja so), dass ...

trösten (→D2)

Beim nächsten Mal schaffst du es.
Nur nicht die Hoffnung verlieren.
Beim nächsten Mal klappt es.
Das kann doch jedem mal passieren.

Mitleid ausdrücken (→D2)

Ist doch nicht so schlimm.
Das ist / war wirklich Pech.
Schade, dass ...
Es tut mir (wirklich) leid,
   dass ...

---

dass-Satz

nach Verben des Sagens, Meinens, Denkens, Wissens, Fühlens ...
Ich habe gesagt, dass ich morgen nicht zur Arbeit *gehe*. | Das Verb steht am Satzende.
Ich habe gehört, dass sie sich scheiden *lassen*.
Ich weiß, dass er morgen *kündigt*.
Ich fühle, dass ich krank *werde*.

nach emotionalen Ausdrücken
Das freut mich, dass du die Prüfung geschafft *hast*.
Schade, dass du nicht kommen *kannst*.

indirekter Fragesatz mit ob und Fragewort

nach Verben des Fragens, (Nicht-)Wissens, ...
Du, der Chef will wissen, wann wir fertig *sind*.
Frag doch Papa, ob er das *weiß*.
Ich weiß genau, warum sie nicht gekommen *ist*.

dass-Satz, indirekter Fragesatz mit ob und Fragewort

nach Verben mit Präpositionen
Ich erinnere mich nicht daran, wann ich nach Hause gekommen bin.
Ich interessiere mich nicht dafür, was meine Nachbarn machen.
Ich bin dafür, dass wir gemeinsam Weihnachten feiern.

2 Viel Spaß

Sie machen mit einer Reisegruppe eine Tour durch Deutschland,
Österreich und die Schweiz – in sieben Tagen!

1.12 Lesen Sie die Fragen. Hören Sie dann und kreuzen Sie die richtige Lösung an.
Das Lösungswort ist eine beliebte Spezialität in Baden-Württemberg.

Tag 1 Wo befinden Sie sich gerade?

- S ☐ In Rostock.
- K ☐ In Kiel.
- B ☐ In Hamburg.

Tag 2 Sie fahren zur beliebtesten deutschen
Sehenswürdigkeit. Wohin fahren Sie?

- R ☐ Zum Hamburger Hafen.
- N ☐ Zum Potsdamer Platz in Berlin.
- P ☐ Zum Kölner Dom.

Tag 3 Sie sind in der Schweiz.
Sie fahren in die zweitgrößte Stadt.
Sie liegt an einem See. Wie heißt sie?

- A ☐ Zürich.
- Ä ☐ Genf.
- Ö ☐ Bern.

Tag 4 Sie möchten einen Kaffee trinken.
Sie bestellen einen „Kleinen Braunen".
In welchem Land sind Sie?

- L ☐ In der Schweiz.
- T ☐ In Österreich.
- D ☐ In Deutschland.

Tag 5 Sie stehen vor dem Geburtshaus Mozarts.
Aber wissen Sie auch, in welcher Stadt Sie
sich befinden?

- E ☐ In Innsbruck.
- W ☐ In Wien.
- Z ☐ In Salzburg.

Tag 6 Sie besuchen einen der bekanntesten Berge
der deutschen Alpen. Sie fahren

- R ☐ zum Matterhorn.
- L ☐ zur Zugspitze.
- I ☐ zum Hirschberg.

Tag 7 Viel Spaß haben Sie zum Abschluss der Reise

- E ☐ auf dem Wiener Prater.
- S ☐ auf dem Münchner Oktoberfest.
- U ☐ beim Fastnachtsumzug in der Schweiz.

Lösungswort: ☐☐☐☐☐☐☐

Lernziele:

→ Vorlieben ausdrücken
→ Bedeutungserklärungen versuchen
→ Abneigungen und Neigungen ausdrücken
→ etwas bewerten
→ Vorschläge machen und sich auf etwas einigen

Textsorten:

Statistik ▪
Magazintext ▪
Statements ▪
Blogeintrag ▪
Zeitungstext

Grammatik:

Steigerung der Adjektive ▪
Pronomen ▪
Verben mit *sich* ▪
Modalpartikel: *eigentlich*

A Die liebsten Freizeitbeschäftigungen

A1 a Lesen Sie die Statistik. Klären Sie unbekannte Wörter im Kurs.

Womit beschäftigst du dich am liebsten in deiner Freizeit?

183 von 218 der Befragten hören in ihrer Freizeit gern Musik. Obwohl immerhin 135 gern fernsehen beziehungsweise DVDs ansehen, gehen nur 18 gern ins Kino. Nur weniger als die Hälfte der jungen Menschen treibt Sport. 180 treffen gern Leute, also Freunde und Bekannte, aber nur 29 der Befragten gehen gern in Kneipen.

[1] Nichtstun
[2] Literatur und Unterhaltungsliteratur wie Kriminalromane, Illustrierte
[3] musizieren, malen, zeichnen, Theater spielen, tanzen, ...
[4] Nachbarschaftshilfe, soziale Aktivitäten, ...

Musik hören	183	Shoppen *gehen*	88	Kneipe/Gaststätte	29	
Leute treffen	180	Computerspiele	88	Kreatives[3]	28	
Internet	164 ⊠	Vereinssport *verheim in auf auf*	85	*ins* Freizeitzentrum	27	
Fernsehen/DVD	135	Discos/Partys/Feten	73	Kino	13	
Rumhängen[1]	106	Familie	47 ⊠	in Projekten[4]	9	
Freizeitsport	100	Lesen[2]	32	*zu* kulturelle Veranstaltungen	8 ⊠	

(Befragte = 218 junge Menschen; Mehrfachnennungen möglich; Ergebnis gilt nicht für alle jungen Menschen im deutschen Sprachraum)

sind gern mit der Familie zusammen

AB 1   WORTSCHATZ 1

b Machen Sie sich zu den folgenden Punkten Notizen.

1 Was machen die meisten der Befragten gern?
2 Was ist die unbeliebteste Freizeitbeschäftigung? *Das ist zu Kulturelle Veranstaltungen zu gehen und in Projekten zu arbeiten.*
3 Markieren Sie die drei Angaben, über die Sie sich am meisten wundern. *Ich wundere mich darüber das ...*

A2 Ihre persönliche Hitliste

a Kreuzen Sie in A1a an, was Sie persönlich gern machen. Ordnen Sie dann zu.

Das mache ich am liebsten: ....

Das mache ich auch gern: ....

Das ist mir nicht so wichtig: ....

Von allen meinen Freizeitbeschäftigungen

ist die mir am unwichtigsten: ....

Das mache ich gern / **lieber** / **am liebsten**.
Das mache ich **sehr** / **total** / **echt** / **wirklich** gern
Das ist die unbelieb**teste** Freizeitbeschäftigung.
Das ist **besonders** / **nicht so** wichtig.
GRAMMATIK 2, 3

AB 2–4

SÄTZE BAUEN 4

b Arbeiten Sie zu zweit. Fragen und antworten Sie.
Was machen Sie am liebsten, was macht Ihre Lernpartnerin / Ihr Lernpartner am liebsten? Fragen und antworten Sie.
Die folgenden Wendungen und Ausdrücke helfen Ihnen.

Was machst du denn am liebsten in deiner Freizeit? ■ Am liebsten ... ■
Aber ich ... auch gern. ■ Ich lese / ... auch gern ... ■ Aber das ist mir nicht so wichtig. ■
Ich spiele am liebsten ... Das finde ich total gut. ■ Welches Instrument spielst du? ■
Welchen Sport treibst du? ■ Was machst du da genau? ■ Und was ist dein Hobby? ■
Wofür interessierst du dich ... (noch)?

Sag mir, was du hörst ...

B1 Fast jeder Mensch hört Musik. Wann hören Sie Musik? Was hören Sie gern?
Kreuzen Sie an oder ergänzen Sie. Sprechen Sie dann im Kurs darüber.

1 Ich höre
☐ immer ☐ sehr oft ☐ nur zu bestimmten Tageszeiten ☐ während ich bestimmte Arbeiten erledige
☐ nur zum Einschlafen ☐ beim Autofahren ☐ .... Musik.

2 Ich höre am liebsten
☐ Klassik. ☐ Jazz. ☐ Pop. ☐ Country. ☐ Blues. ☐ Volksmusik. ☐ Disco. ☐ Latin. ☐ Tanzmusik.
☐ alternative Musik. ☐ Musik aus meiner Heimat. ☐ ...

B2 Was macht Musik mit uns?
Lesen Sie den Text und lösen Sie die Aufgabe zum Text.

Über Musik und ihre Wirkung sagt Dr. Reinhard Kopiez, Professor für Musikpsychologie: „Man muss den Stil der Musik, die man hört, schon kennen und mögen, dann hat sie die stärkste Wirkung. Wir haben untersucht, ob es eine Universal-Musik gibt, auf die jeder mit Gänsehaut reagiert. Aber: Es gibt sie nicht. Gänsehaut bekommt man nur, wenn man die Musik sehr gern hört und ihren Stil kennt und gut findet. Der eine ist vielleicht bei einem Schlager von Karel Gott gerührt, der nächste bei Rachmaninoffs erstem Klavierkonzert. Den einen bewegt ein Volkslied aus seiner Heimat, den anderen ein Kinderlied aus seiner Kinderzeit.

Haben Sie das im Text gelesen? Ja oder nein? Kreuzen Sie an.

Ja. Nein.

	Ja.	Nein.
1 Die stärkste Wirkung hat ein Musikstück, wenn man es zum ersten Mal hört.	☐	☐
2 Es gibt keine Musik auf der Welt, die allen Menschen gleich gut gefällt.	☐	☐
3 Man muss den Musikstil gut kennen und mögen, damit man das Stück, das man hört, gut findet.	☐	☐

B3 Und wie wirkt Musik auf dich?
Sie hören jetzt, was Klaus, Pedro, Ami und Lilo bei einer Umfrage geantwortet haben.

1.13–16

a Worüber wird in den Statements gesprochen?
Lesen Sie. Hören Sie dann und kreuzen Sie die Antwort
in der linken Spalte an.

		Klaus	Pedro	Ami	Lilo
1	☐ Musik spielt eine wichtige Rolle im Leben.	☐	☐	☐	☐
2	☐ Musik und gute Laune / gute Stimmung, da gibt es einen Zusammenhang.	☐	☐	☐	☐
3	☐ Lieblingsmusik.	☐	☐	☐	☐
4	☐ Musikrichtungen, die Erfolg haben.	☐	☐	☐	☐
5	☐ Selbst ein Instrument spielen.	☐	☐	☐	☐
6	☐ Zeitpunkt, wann man Musik hört.	☐	☐	☐	☐

1.13–16

b Wer sagt etwas zu dem Thema?
Hören Sie die Statements noch einmal und kreuzen Sie die Namen in den rechten Spalten an.

B

Sag mir, was du hörst ...

c Arbeiten Sie zu zweit. Haben Sie das im Text gehört?
Ja oder Nein? Kreuzen Sie an. Sind Sie sich unsicher?
Dann hören Sie den Textabschnitt noch einmal und überprüfen Sie Ihre Lösungen.

Ja. Nein.

🔊 1.13 **1** Klaus

   a Für ihn gehört Musik zum Leben. ☐ ☐

   b Er macht selbst Musik und versteht deshalb den Zusammenhang
   zwischen Text und Musik so gut. ☐ ☐

   c Welche Musik ihm gefällt, das kann sich ändern, aber gute Texte
   sind ihm wichtig. ☐ ☐

🔊 1.14 **2** Pedro

   a Er hört immer die Musik, die ihm gefällt. ☐ ☐

   b Welche Musik ihm gefällt, hat nichts mit seiner Laune zu tun. ☐ ☐

🔊 1.15 **3** Ami

   a Sie spielt auf dem Klavier gern Rockmusik und auch klassische Musik. ☐ ☐

   b Sie interessiert sich für die asiatische Musik. ☐ ☐

🔊 1.16 **4** Lilo

   a Sie kauft immer Musik, die zu ihrer Stimmung passt. ☐ ☐

   b Eigentlich hört sie nur Jazz. ☐ ☐

> **Man** muss den **Stil** kennen.
> **Ich** brauche Musik.
> ..., das kann **sich** ändern.
> **Würdest** du gern **eins** spielen?
> **Eigentlich** hört sie nur Jazz.
> GRAMMATIK 6–11

AB 6–13

WORTSCHATZ 5
SÄTZE BAUEN 12
TEXTE BAUEN 13

B4 **a** Arbeiten Sie zu zweit. Fragen Sie Ihre Lernpartnerin /
Ihren Lernpartner und notieren Sie sich die Antworten in Stichpunkten.

   1 Spielt Musik eine wichtige Rolle in deinem Leben?
   2 Gibt es für dich einen Zusammenhang zwischen Musik und guter Laune / guter Stimmung?
   3 Welche Musik magst du / hörst du am liebsten?
   4 Spielst du selbst ein Instrument oder würdest du gern eins spielen?
   5 Wann hörst du Musik?

b Personen vorstellen
Bilden Sie zwei Gruppen. Tragen Sie in Ihren Gruppen vor, was Sie über
Ihre Interviewpartnerin / Ihren Interviewpartner erfahren haben.

B5 Ich nehme die Musik von ... Wer will meine? – Tauschbörse

a Welche Musik hören Sie gerade am liebsten?
Schreiben Sie allen im Kurs eine E-Mail und stellen Sie Ihre Lieblingsmusik vor.

b Antworten Sie auf E-Mails, die Ihnen gefallen.
Bieten Sie eine passende Musik zum Tausch an.

c Reagieren Sie auf die E-Mails mit Angeboten, die Sie als Antwort bekommen haben.

Fokus Grammatik: Pronomen im Kontext

1.17

1 Pronomen stehen für eine Person oder eine Sache, Artikelwörter stehen vor einem Nomen.
Lesen und hören Sie die Beispiele.

- Das ist **mein** Auto. | mein Auto – Possessivartikel, der Artikel steht vor einem Nomen
- Welches? **Das** Auto da? **Das** ist aber alt. | *das* Auto – Demonstrativartikel vor einem Nomen / *das* Demonstrativpronomen.
- Fährt **es** überhaupt noch? | *es* – Personalpronomen
- Weißt du was, **meins** ist noch älter. | *meins* – Possessivpronomen
- Ich hätte lieber **dieses** hier. | *dieses* – Demonstrativpronomen
- Sag mal, hast du eigentlich **keins**? | *keins* – Indefinitpronomen (negativ)
- Nein, ich brauche **kein** Auto, ich habe **ein** Fahrrad. | *kein* – Indefinitartikel vor einem Nomen (negativ) / *ein* Indefinitartikel vor einem Nomen

2 Personalpronomen
Lesen Sie die Beispielsätze a–f. Markieren Sie die Personalpronomen.

a Wohin fahren Sie?
b Das mache ich am liebsten.
c Welches Instrument spielst du?
d Das ist mir nicht so wichtig.
e Für ihn gehört Musik zum Leben.
f Ihr gefällt leider nur Jazz.
g Wie geht es Ihnen?

1.18

3 Demonstrativpronomen
Lesen Sie die Beispielsätze. Markieren Sie die Demonstrativpronomen.
Verwechseln Sie sie nicht mit dem bestimmten Artikel. Lesen Sie die Sätze dann laut.

a Haben Sie das im Text gelesen?
b Hier ist mein neuer Vertrag und hier ist auch die Unterschrift vom Chef. Die ist am wichtigsten.
c Natürlich haben wir unserem Nachbarn schon gesagt, dass die Musik zu laut ist. Aber dem ist doch alles egal.
d Ach, ich nehme die da. Für eine Wohnung muss ich mich ja entscheiden.
e Welchen Pulli würdest du nehmen? Ich glaube, dieser hier steht mir besser. Was meinst du?

4 Possessivpronomen
Lesen Sie die Beispielsätze. In welchen Sätzen stehen Possessivpronomen?
Markieren Sie sie. Verwechseln Sie sie nicht mit den Possessivartikeln.

a Was ist dein Hobby? Meins ist Surfen.
b Sie kauft immer Musik, die zu ihrer Stimmung passt. Aber die passt nie zu meiner. Dann streiten wir uns.
c Ich habe bei meinem Musikworkshop gute Lehrer gehabt, seine waren leider nicht so gut.

5 Indefinitpronomen

a Lesen Sie die Beispielsätze. Markieren Sie die Indefinitpronomen wie im Beispiel.
Verwechseln Sie sie nicht mit dem unbestimmten Artikel.

1 Spielst du selbst ein Instrument oder würdest du gern eins spielen?
2 Stopp, gib mir noch schnell eine, bevor du alle CDs in die Kiste packst.
3 Psst, schau mal, da ist ein kleiner Hund. Und da, noch einer. Sind die nicht süß?
4 Ihre Bratkartoffeln sind wirklich super. Könnte ich bitte noch welche haben?
5 Jetzt haben alle ihr Essen, nur ich hab keins.

b Lesen Sie die folgenden Sätze. Was bedeuten die markierten Indefinitpronomen?
Übersetzen Sie sie in Ihre Muttersprache.

1 Womit beschäftigen sich junge Menschen? Fast alle hören gern Musik und treffen sich gern mit anderen.
2 Aber, und das ist interessant, nur einige gehen gern ins Kino.
3 Manche besuchen aber andere kulturelle Veranstaltungen.

c *man*. Wie drückt man *man* in Ihrer Muttersprache aus?

Man muss sich hier erst anmelden.   Tut mir leid, das kann man nicht verstehen.

C   Gastfreundschaft aus dem Internet

C1   Wo übernachten Sie gern auf Reisen? Und warum? Sprechen Sie zu zweit.

(privat) bei Freunden ■ in Gastfamilien ■ in einem Hotel ■
in Gasthäusern ■ in Jugendherbergen oder Jugendhotels ■
im Zelt im Freien ■ auf einem Campingplatz ■ in Fremden-
zimmern ■ in Ferienappartements ■ bei Verwandten

> Am liebsten übernachte ich bei Verwandten. Da bekommt man auch was zu essen und es kostet nichts. Außerdem kennt man seine Verwandten und es ist immer sehr lustig.

| Sehr oft übernachte ich in / bei ... ■ Häufig / Meistens
| nehme ich mir ... ■ Also in ... fühle ich mich nicht wohl.
| Ich übernachte lieber ... ■ ...

AB 14, 15   WORTSCHATZ 14
SÄTZE BAUEN 15

C2 ⓐ   Haben Sie schon von „Couchsurfing" gehört?
Was könnte das sein? Was vermuten Sie.

> Vielleicht bedeutet das, dass man ...

> Ich glaube, das bedeutet, dass man ...

| Ich nehme an, ... ■ Das kenne ich nicht. Vielleicht ist das ... ■ Surfen kann man
| auf dem Meer und im Internet, aber ... ■ Couch heißt ja Sofa. Vielleicht meint man
| damit, dass ... ■ Ich vermute, das ist wohl ... ■ Also ich weiß, was das ist: ... ■
| Und ich habe auch schon gute / schlechte Erfahrungen damit gemacht.

ⓑ   Lesen Sie jetzt den Text auf Seite 93. Lösen Sie dort
die Aufgaben zum Text. Waren Ihre Vermutungen in a richtig?

AB 16   SÄTZE BAUEN 16

C3   Von Sofa zu Sofa – eine Schweizer Maturaarbeit von Murielle, Manuel und Milena

Lesen Sie einen Auszug aus dem Blogeintrag von Manuel und lösen Sie die Aufgaben dazu.
Welche Aussagen sind richtig? Kreuzen Sie an.

> Sie sind soeben mehr oder weniger zufällig auf unserem Blog über Couchsurfing gelandet.
> Im Rahmen unserer Maturaarbeit haben wir uns über ein halbes Jahr intensiv mit dieser
> neuen Reiseart beschäftigt.
>
> **25. 11. Manuel**
>
> Ziemlich spontan fragte mich Milena, ob ich zwei Couchsurfer aufnehmen könne. Sie hatte
> sie für ein Interview angefragt, sie hatten zugestimmt unter der Bedingung, bei ihr über-
> nachten zu dürfen. Sie suchten nämlich noch ziemlich verzweifelt eine Couch. Da Milena
> aber nicht genügend Platz für beide gehabt hätte, schickte sie sie zu mir. Ich war zwar
> überrascht, aber auch erfreut, endlich meine ersten Gäste empfangen zu dürfen. Nach ein
> paar E-Mails und SMS war dann auch alles klar, und ich holte die beiden am Bahnhof ab.
> Es lag noch ein wenig Schnee im Dorf und die beiden waren ganz begeistert. Sie schienen
> das nicht zu kennen. Auch sonst waren sie sehr interessiert und so kam es, dass ich ihnen
> Bad Zurzach, unser Dorf, ein wenig näherbrachte. Wir besuchten die alte Burgruine, die
> sie speziell faszinierte, da es in Neuseeland anscheinend keine Ruinen gibt. Ich versuchte,
> ihnen so viel wie möglich zu erklären, merkte aber bald, dass mein Wissen ziemlich be-
> scheiden war. Darum kam mir die Idee, mit ihnen ins Dorfmuseum zu gehen. Wir schauten
> uns einen Mammutkopf, römische Münzen und alte Pflüge an. Bei der ganzen Tour lernte
> ich mehr über Bad Zurzach als in allen Jahren Geschichtsunterricht.

Bad Zurzach, Schweiz

Burgruine (römisches Kastell)

alter Pflug

römische Münzen

Mammutschädel

Wieder zu Hause kochte ich Spaghetti für die ganze Familie. Ich war schon fast etwas erstaunt, wie gut sich meine Familie mit Graham und Aiden verstand. Trotz einiger sprachlicher Schwierigkeiten entstand ein interessantes Gespräch. Es war faszinierend, wie sich Graham in die Diskussion am Familientisch integrierte, indem er einiges verstand und immer wieder nachfragte. Ich denke, dass sich alle ziemlich wohl gefühlt haben, die Stimmung war locker. Leider musste ich am nächsten Tag zur Schule. Ich liess meine Gäste ausschlafen. Zufälligerweise hatte aber meine Schwester an diesem Tag frei. Sie assen zusammen Frühstück und hatten anscheinend eine lustige Zeit zusammen. Obwohl meine Schwester praktisch kein Englisch spricht und Graham nur ein paar Brocken Deutsch, funktionierte das prima. Es erstaunte und erfreute mich sehr, wie sich alle so schnell geöffnet hatten.

Reflexion:
Als Host* zu agieren, hat mir sehr viel Spass gemacht. Ich habe viel über mein Dorf gelernt, hatte eine spannende Abwechslung in meinem Alltag und war positiv überrascht von der Offenheit meiner Umgebung. Es ist schade, dass sie nur so kurz bei mir waren.

* Gastgeber

1 Murielle, Manuel und Milena

   a ☐ waren ein halbes Jahr lang als Couchsurfer unterwegs.

   b ☐ haben sich für ihre Abschlussarbeit ein halbes Jahr mit dem Thema beschäftigt.

   c ☐ haben für eine Couchsurfing-Seite einen Blog mit ihren Erfahrungen geschrieben.

2 Manuel nimmt zwei Couchsurfer bei sich auf*,

   a ☐ weil Milena sich mit ihnen für ein Interview verabredet hat.

   b ☐ weil sie sich bei Manuel über das Internet gemeldet haben.

   c ☐ weil Milena für die beiden keinen Platz hat.

* Hier sind zwei Aussagen richtig.

3 Die beiden Couchsurfer aus Neuseeland dürfen bei Manuel übernachten

   a ☐ , müssen sich die Stadt aber alleine ansehen.

   b ☐ und bekommen von ihm eine interessante Stadtführung.

   c ☐ , erfahren aber wenig über die Stadt, weil Manuel nichts weiß.

4 Die beiden Couchsurfer Graham und Aiden

   a ☐ hatten Sprachprobleme und deshalb keinen Kontakt mit der Familie.

   b ☐ konnten sich trotz der Sprachschwierigkeiten gut mit der Familie unterhalten.

   c ☐ interessierten sich nicht besonders für die Gastfamilie.

5 Manuel

AB 17

   a ☐ fand es toll, seinen Wohnort mit seinen Gästen „kennenzulernen".

   b ☐ war froh, als seine Gäste wieder abgereist sind.

   c ☐ fand es eigentlich schade, dass seine Familie nicht mitgemacht hat.

... haben **sich** mit dem Thema **beschäftigt**.
GRAMMATIK 17

C4 Ihre Meinung ist gefragt.

a Wie finden Sie persönlich Couchsurfen? Was finden Sie daran gut?
Was gefällt Ihnen nicht? Machen Sie sich Notizen.

gut	nicht so gut / schlecht
....	....
....	....
....	....

b Arbeiten Sie zu zweit. Vergleichen Sie Ihre Argumente. Ergänzen Sie Ihre Listen.

c Schreiben Sie jetzt den Autoren des Blogs Ihre Meinung zu Couchsurfen.

– Wie Sie Couchsurfen finden.
– Warum es Ihnen (nicht) gefällt.
– Was Sie lieber machen.

Diese Wendungen und Ausdrücke helfen Ihnen.

Wir meinen, dass ... ■ Couchsurfen gefällt uns sehr gut /
leider gar nicht, ... ■ ..., weil es ... ist. ■ Weil wir lieber / am liebsten ... ■
Uns ist es beim Reisen sehr wichtig / am wichtigsten, dass ...

AB 18–20   SÄTZE BAUEN 18
TEXTE BAUEN 19, 20

C5 Couchsurfen – Machen Sie mit.

a Bilden Sie Vierergruppen. Sie möchten gemeinsam eine Reise machen und die
Möglichkeiten von Couchsurfen nutzen. Einigen Sie sich über folgende Punkte.
Machen Sie sich Notizen (siehe Seite 96).

– Wie lange wollen Sie couchsurfen?
– Wohin (Inland / Ausland)?
– Wofür interessieren Sie sich dort besonders?
– Wie möchten Sie reisen (Verkehrsmittel)?
– Wie sollte Ihre Gastgeberin / Ihr Gastgeber sein?

Diese Wendungen und Ausdrücke helfen Ihnen.

Ich schlage vor, dass ... ■ Lasst uns doch ... ■ Wir könnten natürlich auch ... ■
Nein, das passt mir (leider) gar nicht. ■ Ich würde (doch) lieber ... ■
Was haltet ihr davon (, dass ...)? ■ Ich bin dagegen / dafür. ■
Ja gut, machen wir es so. ■ Das ist eine sehr gute Idee / vielleicht
keine besonders gute Idee. ■ Ich finde den Vorschlag von ... besser. ■
In Ordnung. ■ Einverstanden.

WORTSCHATZ 21
AB 21–25   SÄTZE BAUEN 22, 23
TEXTE BAUEN 24, 25

b Tragen Sie Ihre Ergebnisse mithilfe Ihrer Notizen im Kurs vor.

Wir möchten Euch jetzt unsere Reise vorstellen,
die wir gemeinsam geplant haben. Wir möchten ...

Fokus Grammatik: Verben mit *sich* (Reflexivpronomen)

1 **a** Manche Verben gibt es mit *sich* und ohne *sich*.
Die Bedeutung ist oft ähnlich, aber nicht immer. Lesen Sie das Beispiel.

1 Kann ich bitte am Montag frei haben?
Wir ziehen nämlich um. ....

2 Warte, ich ziehe *mich* schnell um,
dann können wir gehen. ....

b Überlegen Sie: Wie heißen die Verben in a in Ihrer Muttersprache?
Notieren Sie die Übersetzungen neben den Fotos.

Hinweis: Viele deutsche Verben, die es mit *sich* und ohne *sich* gibt, werden in Ihrer
Muttersprache oder in anderen Sprachen durch zwei verschiedene Wörter ausgedrückt.
Lernen Sie deshalb diese Verben immer auch mit *sich* und der Bedeutung.

c Körperpflege: Mit oder ohne *sich*? Entscheiden Sie.
Ergänzen Sie das Reflexivpronomen dann in der korrekten Form.

1 Der Vater wäscht .... seine kleine Tochter.
Die ältere Tochter wäscht *sich* .

2 Ich föhne .... noch Ihre Haare, dann sind Sie fertig. Oder föhnen Sie .... selbst? (Akkusativ)
– Ja, ich föhne sie .... selbst. (Dativ)
3 Komm, ich kämme .... dich. – Du hast schon wieder vergessen, ... zu kämmen.
4 Dieser Friseur frisiert .... seine Kunden besonders gut.
– Ich kann .... einfach nicht gut frisieren, ich sehe nie so aus wie nach dem Friseur.

.... 1.19 ....

2 Was sagen die Menschen in einer Kneipe?
In diesen Kontexten stehen die blauen Verben mit *sich* (Reflexivpronomen).
Das rote Verb steht immer mit *sich* (Reflexivpronomen). Ergänzen Sie die korrekte Form.
Hören Sie die Sätze und kontrollieren Sie Ihre Lösungen.

1 Sollen wir .... morgen wieder hier treffen?
2 ▲ Interessieren Sie .... für Motorsport? ● Nein, also, wirklich nicht. Eher für Boxen. Aber nur ein wenig.
3 Du guck mal, die beiden da, ich glaube, die verstehen .... prima. Was meinst du? Vielleicht wird das ja was.
4 Unser neuer Kollege, na ja, seinen Job macht er gut, aber er kann .... einfach nicht integrieren.
Ich weiß auch nicht, warum.
5 ▲ Hört mal, ihr beiden, über Probleme muss man reden, ihr solltet .... mehr öffnen.
● Was gehen dich denn unsere Probleme an?
6 ▲ Hmm, wie soll ich es sagen, ich würde .... so gern noch mal mit Ihnen verabreden. Sagen wir morgen?
● Ach, ich weiß nicht. ▲ Wollen Sie denn nicht, dass wir .... besser kennenlernen? ● Doch.
▲ Na also, dann einigen wir .... auf übermorgen. Okay?
7 Oh, da kommt Roland. Eigentlich will ich .... ja schon seit Wochen von ihm trennen, aber ich kann's
einfach nicht.
8 Komm, wir gehen, hier kann man .... ja nicht mal in Ruhe unterhalten.
9 ▲ Jetzt kenne ich Sie schon so lange, und wir siezen .... noch immer. Sollen wir nicht du sagen?
● Ich duze .... grundsätzlich nicht mit fremden Männern.
▲ Was heißt hier fremd? Wir kennen .... doch schon seit zehn Minuten!

Wendungen und Ausdrücke

über Vorlieben sprechen (Freizeitaktivitäten) (→A2b)

Was machst du denn am liebsten in deiner Freizeit? ■ Am liebsten ... ■
Aber ich mache / ... auch gern. ■ Aber das ist mir nicht so wichtig. ■
Ich spiele am liebsten ... ■ Das finde ich total gut. ■ Welches Instrument
spielst du? ■ Welchen Sport treibst du? ■ Was machst du da genau? ■
Und was ist dein Hobby? ■ Wofür interessierst du dich ... (noch)?

über Vorlieben sprechen (Übernachtungsmöglichkeiten) (→C1)

Sehr oft übernachte ich in / bei ... ■ Häufig / Meistens nehme ich mir ... ■
Also in ... fühle ich mich nicht wohl. Ich übernachte lieber ...

etwas bewerten (→C4c)

Wir meinen, dass ... ■ Couchsurfen gefällt uns sehr gut/leider
gar nicht, ... ■ ..., weil es ... ist. ■ Weil wir lieber/am liebsten ... ■
Uns ist es beim Reisen sehr wichtig/am wichtigsten, dass ...

sich einigen (→C5)

Ich bin dagegen/dafür. ■ Ja gut, machen wir es so. ■ Das ist eine
sehr gute Idee / vielleicht keine besonders gute Idee. ■ Ich finde den
Vorschlag von ... besser. ■ In Ordnung. ■ Einverstanden.

Vermutungen äußern (→C2b)

Ich nehme an, ... ■ Das kenne ich nicht. ■
Vielleicht ist das ... ■ Surfen kann man
auf dem Meer und im Internet, aber ... ■
Couch heißt ja Sofa. Vielleicht meint man
damit, dass ... ■ Ich vermute, das ist wohl ... ■
Also ich weiß, was das ist: ... Und ich habe
auch schon gute / schlechte Erfahrungen
damit gemacht.

etwas vorschlagen (→C5)

Ich schlage vor, dass ... ■ Lasst uns doch ... ■
Wir könnten natürlich auch ... ■ Nein, das
passt mir (leider) gar nicht. Ich würde (doch)
lieber ... ■ Was haltet ihr davon (, dass ...)? ■
Ich bin dagegen/dafür. ■ Ja gut, machen wir
es so. Da ist eine sehr gute Idee/vielleicht ■
keine besonders gute Idee. Ich finde den
Vorschlag von ... besser. ■ In Ordnung. ■
Einverstanden.

Grammatik

Steigerung der Adjektive im Satz

nach *sein*
Das ist **am unwichtigsten**. | Komparativ: *-er*; Superlativ: am *-sten*
Das ist **besonders / nicht so** wichtig. | mit Steigerungspartikeln

vor einem Nomen
Das ist die **unbeliebteste** Freizeitbeschäftigung.

gehört zu einem Verb
Das mache ich **gern / lieber / am liebsten**. | Komparativ: *-er*; Superlativ: am *-sten*
Das mache ich **sehr / total / echt / wirklich** gern. | mit Steigerungspartikeln

Modalpartikel: *eigentlich*

Eigentlich hört sie nur Jazz. | *eigentlich* bedeutet *in Wirklichkeit*

Pronomen

Personalpronomen
Ich lese. | Nominativ
Ruf mich an! | Akkusativ
Das ist mir wichtig. | Dativ

Demonstrativpronomen
Der ist alt. | Nominativ
Den nehme ich. | Akkusativ
Dem gebe ich nichts. | Dativ

Indefinitpronomen
Da ist einer. | Nominativ
Ich nehme einen. | Akkusativ
Ich geb's einem. | Dativ
Da ist keiner. | Nominativ
Ich nehme keinen. | Akkusativ
Ich geb's keinem. | Dativ

Possessivpronomen
Da ist meiner. | Nominativ
Ich nehme meinen. | Akkusativ
Ich geb's meinem. | Dativ

Reflexivpronomen
Ich wasche mich. | Akkusativ
Ich wasche mir die Hände. | Dativ

weitere Indefinitpronomen

Man muss den Stil kennen.
Fast alle hören gern Musik.
Nur einige gehen gern ins Kino.
Manche lesen lieber.

3 Mal was anderes!

Vilsalpsee

Erbsensuppe

1 Welche Wünsche (1–7) können zu den Fotos passen? Was meinen Sie?

1 einen neuen Beruf lernen
2 ganz anders aussehen
3 in fremde Länder reisen
4 eine Sprache mit einer anderen Schrift lernen
5 unbekannte Speisen probieren
6 einen berühmten Menschen privat treffen
7 eine neue Sportart kennenlernen

2 Und Sie? Was würden Sie gern mal machen? Notieren Sie. Sprechen Sie dann über Ihre Wünsche.

> Ich würde gern mal ...

> Ich möchte gern mal ...

Lernziele:

→ über Wünsche und Pläne sprechen
→ über Gründe sprechen
→ eine Absicht ausdrücken
→ ein Problem beschreiben
→ um Rat fragen
→ Vorschläge machen
→ auf einen Forumsbeitrag im Internet reagieren

Textsorten:

Statements ■
Zeitschriftenartikel ■
Forumsbeitrag

Grammatik:

Grund, Ursache: *weil, da, daher, deshalb, denn, nämlich, wegen* ■
Zweck, Absicht: *um ... zu, damit* ■ Vorschläge mit *sollte* ■
Modalpartikeln *doch, einfach, vielleicht, (ein)mal*

A Glück in der Ferne

A1 Warum verlassen Menschen ihre Heimat?
Was könnten ihre Gründe sein? Was glauben Sie?
Sammeln Sie Ihre Ideen an der Tafel.

> Ich glaube, vielleicht wegen einer neuen Liebe.

> Oder vielleicht, weil sie einen neuen Job gefunden haben.

> Sie machen das, weil sie ...

neuen Job finden ▪ Menschen kennenlernen ▪ sich verlieben ▪ ...

..., **weil** sie sich verliebt **haben**.
..., **weil/da** sie ... **möchten**.
... **wegen** einer neuen Liebe.
GRAMMATIK 1-3

AB 1-4

A2 Radiosendung zum Thema „Glück in der Ferne"

SÄTZE BAUEN 4

a Sie hören jetzt fünf Antworten.
🔊 1.20-25 Welches Foto passt zu welcher Antwort? Ordnen Sie zu.

🔊 1.21-25

b Lesen Sie die Aussagen zu den Antworten 1–5. Haben Sie das in den Antworten gehört?
Hören Sie die Antworten noch einmal und kreuzen Sie an: richtig oder falsch?

richtig falsch

Antwort 1	Der junge Mann möchte nächstes Jahr im Ausland heiraten und eine Familie gründen.	☐ ☐
Antwort 2	Das Ehepaar lebt nur im Sommer in Frankreich.	☐ ☐
Antwort 3	Die Frau musste ihr Geschäft in Deutschland schließen.	☐ ☐
Antwort 4	Der Mann verlässt Deutschland, weil er sich in eine Ausländerin verliebt hat.	☐ ☐
Antwort 5	Die Frau möchte in Brasilien ein Restaurant eröffnen.	☐ ☐

c Korrigieren Sie die falschen Aussagen in b. Vergleichen Sie dann im Kurs.

1.21–25

d Welche Gründe spielen für diese Personen eine Rolle?
Hören Sie noch einmal die Antworten 1–5 und ergänzen Sie die Nummern der Antworten.
Es sind manchmal mehrere Lösungen möglich.
Vergleichen Sie dann im Kurs.

1 unglücklich mit dem Job: ....   6 neue Möglichkeiten im Beruf: ....

2 die große Liebe gefunden: ....   7 schönes Wetter: ....

3 Lust auf etwas Neues: ....   8 ein schönes Leben im Alter: ....

4 Karriere machen: ....   9 leben mit freundlicheren Menschen: ....

5 Auslandserfahrungen sammeln: ....   10 unzufrieden mit der Politik, dem Klima: ....

A3 Welche Ziele haben Menschen, die ihre Heimat verlassen?
Formulieren Sie vollständige Sätze wie in den Beispielen.

- ein neues Leben beginnen
- mit der Partnerin / dem Partner
  in einem anderen Land zusammenleben
- Abenteuer erleben
- sich für eine fremde Kultur interessieren
- anderen Menschen helfen
- eine neue Sprache lernen

- neue Erfahrungen sammeln
- neue Menschen kennenlernen
- eine neue Lebensaufgabe finden
- Karriere machen
- in einem angenehmeren Klima leben
- …

Viele Menschen wandern aus, um im Ausland ein neues Leben zu beginnen.
Sie gehen ins Ausland, damit ihre Kinder eine neue Sprache lernen.
Sie verlassen ihre Heimat, …

…, **um** im Ausland ein neues Leben **zu** beginnen.
…, **damit** ihre Kinder eine Fremdsprache lernen.
GRAMMATIK 5–7

A4 Rollenspiel

Arbeiten Sie zu dritt.
Entscheiden Sie sich jeweils für eine der Rollen A, B oder C.
Lesen Sie Ihre Rollenkarte und die Informationen dazu.

Rolle A	Rolle B	Rolle C
Sie möchten sich für ein Praktikum in einem afrikanischen Nationalpark bewerben. Die Informationen, warum Sie das tun und welche Ziele Sie damit verbinden, finden Sie auf Seite 92.	Sie möchten sich für ein Praktikum in einem SOS-Kinderdorf bewerben. Die Informationen, warum Sie das tun und welche Ziele Sie damit verbinden, finden Sie auf Seite 97.	Sie möchten sich für ein Praktikum beim Verband „WindEnergie e.V." bewerben. Die Informationen, warum Sie das tun und welche Ziele Sie damit verbinden, finden Sie auf Seite 99.

Erzählen Sie dann in Ihrer Gruppe, für welches Praktikum Sie sich bewerben.
Sagen Sie auch, warum Sie das tun und welche Ziele Sie haben.

B Mit anderen Augen

B1 **a** Sehen Sie sich die Fotos an.
Was vermuten Sie, welche Berufe könnten zu wem passen?
Sie können mehrere Vorschläge eintragen.

☐ ☐ Autor/in
☐ ☐ Auslandskorrespondent/in
☐ ☐ Journalist/in
☐ ☐ Politiker/in
☐ ☐ Schauspieler/in
☐ ☐ Übersetzer/in

A

Nguyen Xuan

B

Nazmun Nesa Piari (links im Bild)

b Haben Sie richtig vermutet?
Lesen Sie den folgenden Text einmal schnell und vergleichen Sie mit Ihren Vermutungen in a.

Neues aus der Hauptstadt

Nachrichten aus Berlin sind weltweit gefragt. Hunderte von internationalen Journalisten berichten täglich aus der Hauptstadt. Neun Zeitungen erscheinen (fast) täglich in Berlin; über 50 deutsche Zeitungen und Zeitschriften haben in der Hauptstadt ihre Redaktionsbüros – von der *Frankfurter Allgemeinen* Zeitung bis zum *Spiegel*. Aber auch die *London Times* und die *New York Times* findet man hier.

Ihr Zuhause ist für sie immer da, wo sie gerade lebt. Momentan ist es für Nazmun Nesa Piari Berlin. Dort lebt die Korrespondentin im Herzen der Stadt – direkt am Potsdamer
5 Platz. „Diese vielen Menschen hier – einfach wunderbar! Das kenne ich aus meiner Heimat Bangladesch. Und darum liebe ich diese Stadt. Außerdem erreiche ich von hier aus alles ganz schnell", sagt sie, während sie aus dem Fenster ihrer Wohnung schaut.
10 Zum Beispiel das Bundespresseamt. Schnell muss sie sein, denn von dort schickt sie den Zeitungsredaktionen in Bangladesch, Indien und New York Neuigkeiten aus Politik, Wirtschaft, Wissenschaft, Kultur und Sport. Ihr Motto: „Ich beschreibe immer klar und ganz genau, was
15 ich sehe und höre, damit die Menschen in meinem Heimatland verstehen, was hier passiert." Seit 2002 berichtet sie für Zeitungen wie den *Observer, Daily Star, Business India, Weekly 2000* und die bengalische *Itte fak*. Das ist ein spannender Job, aber auch harte Arbeit.
20 Deswegen bleibt ihr nur noch wenig Zeit, um in ihre Heimat zu fahren. Dort ist sie nur zwei, drei Wochen im Jahr. „Wenn ich länger bleibe, beginne ich, Deutschland zu vermissen", sagt sie. Wie sie es da auch noch schafft,

Gedichte zu schreiben und Bücher zu übersetzen?
25 Nguyen Xuan arbeitet seit den Achtzigerjahren für die Nachrichtenagentur Vietnam News Agency (VNA). Seit drei Jahren berichtet er als Chefkorrespondent aus Deutschlands Hauptstadt, schreibt aber auch 30 für andere Zeitungen und Webseiten in Vietnam. Er will drei bis vier Jahre in Berlin bleiben. Seine Schwerpunkte sind Politik und Wirtschaft. Nebenbei macht er die Berichterstattung für Kultur und Sport, wenn es große Ereignisse gibt. „Ich berichte aber auch über die 35 Vietnamesen, die in Deutschland leben, und darüber, wie sich die nächsten Generationen in die deutsche Gesellschaft integrieren." Der 59-Jährige arbeitet von seiner Wohnung im Bezirk Lichtenberg aus. Deutschland und besonders Berlin gefallen ihm sehr. Hier 40 kommt er viel herum, hier ist das Leben bunt und interessant. In seinem Deutschlandbüro ist er für alles allein verantwortlich. Oft muss er bis Mitternacht arbeiten, damit die Kollegen in Hanoi alle Informationen pünktlich erhalten. „Um die Zeit beginnt nämlich in meiner Heimat 45 der Arbeitstag meiner Kollegen."

B2 **a** Bilden Sie zwei Gruppen. Gruppe A liest den Abschnitt über Nazmun Nesa Piari (Zeile 1–25), Gruppe B den Abschnitt über Nguyen Xuan (Zeile 26–46). Machen Sie Notizen zu „Ihrer" Person. Vergleichen Sie Ihre Notizen in der Gruppe und ergänzen Sie.

	Nazmun Nesa Piari		Nguyen Xuan
Woher kommt er/sie?			
Wo arbeitet er/sie?			
Was ist er/sie von Beruf?			
Für wen schreibt er/sie?			
Seit wann lebt er/sie dort?			
Was gefällt ihm/ihr in Berlin?			
Wozu schreibt er/sie?			

b Arbeiten Sie jetzt zu zweit zusammen: eine/r aus der Gruppe A und eine/r aus der Gruppe B. Stellen Sie Ihrer Partnerin / Ihrem Partner „Ihre" Person vor.

> Das ist Nazmun Nesa Piari aus ...
> Sie lebt in ... und ...

> Das ist Nguyen Xuan
> ...

B3 **a** Lesen Sie die folgenden Gründe für oder gegen eine Arbeit als Auslandskorrespondent/in. Welche kommen im Text (B1b) vor? Kreuzen Sie an.

oft bis spätabends arbeiten ☐ ■ flexible Arbeitszeiten haben ☐ ■

die Menschen in der Heimat informieren ☐ ■

Interviews mit interessanten Menschen führen ☐ ■ weit entfernt von zu Hause leben ☐ ■

eine große Verantwortung haben ☐ ■ nicht nur in einer Kultur leben ☐ ■ viele Kontakte haben ☐ ■

gut Fremdsprachen sprechen können ☐ ■ eine spannende Arbeit haben ☐ ■

gern über neue, unbekannte Dinge schreiben ☐

b Sie bekommen das Angebot, als Korrespondent/in im Ausland für Ihr Heimatland zu berichten. Nehmen Sie das Angebot an?
Sprechen Sie im Kurs. Die Gründe (dafür/dagegen) in B3a helfen Ihnen.

> Lieber nicht.
> Eine Auslandskorrespondentin
> hat viel Arbeit. Deshalb muss sie
> oft bis spätabends arbeiten.

> Doch, ich nehme das an.
> Ein Auslandskorrespondent
> lebt nämlich ...

AB 8–10

... hat viel Arbeit. **Deshalb** muss er/sie oft bis spätabends arbeiten.
... lebt **nämlich** nicht nur in einer Kultur.
GRAMMATIK 8–10

Fokus Grammatik: Grund/Ursache und Ziel/Zweck ausdrücken

1 Lesen Sie die folgenden Antworten. Achten Sie auf die markierten Wörter.
Was drücken sie aus? Grund (G) oder Zweck (Z)? Notieren Sie G oder Z.

△ Viele Deutsche gehen ins Ausland. Warum nur? Ich verstehe das nicht.

a ☐ Sie machen das, um ein neues Leben zu beginnen.

b ☐ Ich denke, viele möchten einfach mal was Neues erleben. Deshalb machen sie das.

c ☐ Oder weil sie einen Job im Ausland bekommen haben.

d ☐ Vielleicht auch, damit ihre Kinder eine Fremdsprache lernen.

e ☐ Ich glaube, das Wetter hier ist zu schlecht. Das ist nämlich für viele ein Problem.

f ☐ Da sie auswandern, fühlen sie sich hier wahrscheinlich nicht wohl.

g ☐ Oft ist es wegen der Liebe, glaube ich.

h ☐ Manchmal sind es auch Leute, die Karriere machen wollen, denn sie brauchen auf jeden Fall Auslandserfahrung!

2 Grund oder Zweck? Was passt?

a So können Sie den Grund / die Ursache sagen. Lesen Sie die Sätze und ergänzen Sie die Wörter.

1 Ich möchte nach Skandinavien ziehen, ... es dort nicht so warm ist.   a wegen

2 Ich bleibe .... der Kinder in Deutschland.   b nämlich

3 Ich bleibe hier in München, ich habe .... einen tollen Job bekommen.   c deshalb / deswegen / darum

4 Ich habe noch kleine Kinder, ... möchte ich nicht auswandern.   d denn

5 Ich möchte nicht umziehen, ... ich liebe diese Stadt.   e weil

b So können Sie den Zweck / das Ziel sagen. Lesen Sie die Sätze und ergänzen Sie.

1 Ich ziehe für zwei Jahre nach Schweden, ... lernen.   a damit die Kinder die Sprache

2 Familie Meier sucht ein schwedisches Au-pair-Mädchen, ... lernen.   b um die Sprache zu

3 Verbinden Sie die Sätze. Es gibt mehrere Möglichkeiten.
Entscheiden Sie sich für eine. Schreiben Sie.

damit ● weil ● um … zu ● deshalb ● nämlich ● denn

a Ich möchte nicht als Auslandskorrespondent arbeiten. Man muss dann oft bis Mitternacht im Büro sein.

....

b Ich möchte gern Auslandskorrespondentin werden. Dann habe ich flexible Arbeitszeiten.

....

c Die Sprache darf nicht zu kompliziert sein. Die Leute verstehen, was in Deutschland passiert.

....

d Sie lebt mitten in der Stadt. Sie liebt Großstädte.

....

e Das Leben in Berlin ist bunt und interessant. Er liebt diese Stadt.

....

f Ich gehe nach Kanada. Ich suche mir dort einen Job.

....

In Sachen Mode

C1 a Was gehört Ihrer Ansicht nach unbedingt
in den Kleiderschrank eines Mannes? Kreuzen Sie an.

☐ weißes Hemd ■ ☐ schwarzer Anzug ■ ☐ Krawatte ■ ☐ T-Shirt ■ ☐ kurze Hose ■ ☐ Lederstiefel ■
☐ Socken ■ ☐ Pullover ■ ☐ Jeans ■ ☐ Regenmantel ■ ☐ Jeansjacke ■ ☐ Jackett ■ ☐ schwarze Schuhe ■
☐ braune Schuhe ■ ☐ sportliche Schuhe ■ ☐ Hut ■ ☐ Sonnenbrille ■ ☐ Mütze ■ ☐ Schal ■
☐ Handschuhe ■ ☐ Lederjacke ■ ☐ Halstuch ■ ☐ Stiefel

b Sehen Sie die Fotos A–F an.
Welcher Kleidungsstil gefällt Ihnen am besten? Warum?

bunt ■ hübsch ■ schick ■ einfach ■ modern ■ schön ■ nett ■ modisch ■
elegant ■ beruflich (Bank / Büro) ■ sportlich ■ bequem ■ unbequem

> Mir gefällt die berufliche Keidung
> von Mann E eigentlich sehr gut.

> Mir gefällt Mann C besser, da passt
> alles gut, die Haare und die Kleidung.

Mann A finde ich nicht sehr attraktiv / …, der Anzug passt ihm nicht. ■
Bei Mann A passt … / passt … nicht zum … ■ Ich finde es nicht gut, wenn jemand … trägt / anhat. ■
Ich mag … am liebsten. ■ Mir gefällt … besser. ■ Mir gefällt es besser, wenn …

AB 11–14 WORTSCHATZ 11–13
SÄTZE BAUEN 14

C2 a Lesen Sie den folgenden Forumsbeitrag von Tilo.
Ergänzen Sie das Raster und vergleichen Sie Ihre Ergebnisse im Kurs.

Hallo an alle Interessierten!
Ich (♂) bin 29 Jahre alt. Zurzeit befinde ich mich in einer Art Lebenskrise.
Irgendetwas muss sich ändern, denn so gefalle ich mir einfach nicht mehr! Ich will
keine extreme Typveränderung, sondern einfach nur besser gekleidet sein. Jetzt ist
es aber so, dass ich keine Ahnung habe, was gerade die aktuelle Mode ist, und ich
weiß auch nicht, was mir gut steht, was mich attraktiver machen könnte. Ich habe
echt ein Problem, denn ich weiß nicht mal, wo ich anfangen soll. Hätte jemand von
euch vielleicht einen Vorschlag, was ich machen könnte? So wie bis jetzt will ich auf
jeden Fall nicht mehr rumlaufen. Antwortet mir bitte! Tilo

Was ist Tilos Problem?	Was möchte Tilo?

C In Sachen Mode

b Welcher Mann auf den Fotos in C1b könnte Tilo sein?
Was glauben Sie?
Sprechen Sie zu zweit und einigen Sie sich auf eine Person.

> Ich glaube, der Mann A ist Tilo.
> Guck mal, die rosa Krawatte. Die passt doch nicht
> zum Anzug. Und — der Anzug ist auch langweilig.

c Was würden Sie Tilo raten? Lesen Sie die Tipps und kreuzen Sie an.

einen guten Freund / eine gute Freundin fragen ☐ ■ im Internet recherchieren ☐ ■ eine Verkäuferin /
einen Verkäufer um Hilfe bitten ☐ ■ eine Modezeitschrift für Männer kaufen ☐ ■ Freunde zum Shoppen
mitnehmen ☐ ■ mutig sein und etwas anderes ausprobieren ☐ ■ verschiedene Sachen anprobieren ☐ ■
in ganz unterschiedliche Geschäfte gehen ☐ ■ Modezeitschriften lesen ☐ ■ ...

d Formulieren Sie Vorschläge mit den folgenden
Wendungen und Ausdrücken und mit den Tipps aus c.

| Ich würde ... ■ Du solltest vielleicht ... ■ Du könntest auch ... ■
| Du könntest zum Beispiel / vielleicht ... ■ Frag doch mal, ob ...

Vorschläge mit **sollte**
Modalpartikeln
  doch, einfach, vielleicht
GRAMMATIK 15–17

AB 15–20

SÄTZE BAUEN 18
TEXTE BAUEN 19, 20

C3 Schreiben Sie jetzt eine Antwort im Forum.
Beachten Sie dabei die folgenden Hinweise.

Nachdenken vor dem Schreiben:

1 An wen schreiben Sie? Wie ist die Anrede: Du oder Sie?
2 Welche Tipps möchten Sie Tilo geben? Notieren Sie drei Sätze aus C2d.

Das Schreiben planen:

3 Wie könnten Sie anfangen? Notieren Sie ein bis zwei Sätze.
4 Wie können Sie die Sätze aus 2 und 3 verbinden (*und, weil, denn, deshalb, aber, wenn, dann, ...*)?
5 Was könnten Sie am Ende schreiben? Notieren Sie.

Den Text schreiben:

6 Schreiben Sie jetzt Ihren ganzen Text. Denken Sie an die Anrede am Anfang und den Gruß am Ende.

Den Text überprüfen:

7 Lesen Sie Ihren Text noch einmal genau.

  – Stimmt die Anrede?
  – Haben Sie alle Vorschläge?
  – Sind die Sätze gut verbunden?
  – Stimmen das Ende und die Grußformel?
  – Steht das Verb an der richtigen Stelle?
  – Haben Sie die meisten Wörter richtig geschrieben? Groß- und Kleinschreibung?

8 Ihre Lernpartnerin / Ihr Lernpartner liest Ihren Text und markiert Stellen, die sie/er gut findet.
Sie/Er unterstreicht Stellen, die sie/er nicht so gut versteht.

Fokus Grammatik: Vorschläge mit *sollte*

1 Vorschlag oder nicht?

a Welche Regel passt? Ordnen Sie zu.

A
> Als Bankangestellter soll ich also jeden Tag im Anzug, mit schwarzen Schuhen, hellem Hemd und Krawatte in der Bank erscheinen. Passt doch.

B
> Also, du solltest für das Vorstellungsgespräch in der Bank vielleicht lieber einen Anzug und ein Hemd mit Krawatte anziehen.

> Nein, der Typ bin ich nicht. Dann geh ich lieber gar nicht hin.

1 Mit *soll* drückt man aus, dass man etwas tun muss. Eine Person oder eine Situation verlangt es.

2 Mit *sollte* drückt man aus, dass jemand einen Vorschlag macht / gemacht hat. Man muss es aber nicht tun.

b Lesen Sie die Sätze. Welche Sätze drücken einen Vorschlag aus? Kreuzen Sie an.

1 > Du sollst dich warm anziehen, hat der Arzt gesagt.

3 > Du solltest mal deine Freunde fragen, vielleicht haben die eine Idee, was zu dir passt.

2 > Ich soll im Dienst in der Klinik immer meinen weißen Arztkittel mit Namensschild tragen.

4 > Ich glaube, du solltest mal sportliche Hosen und Hemden ausprobieren.

5 > Vielleicht solltest du dich mal umziehen, deine Sachen sind ja ganz nass.

2 *doch, einfach, vielleicht, (ein)mal, lieber* in Vorschlägen

a Hören sie die Sätze einmal mit den markierten Wörtern und einmal ohne sie.

1.26

1 > Du solltest vielleicht mal meine Freundin Anne fragen. Die arbeitet doch in einem Modegeschäft.

2 > Du solltest dir vielleicht lieber eine Modezeitschrift kaufen und dich erst mal informieren.

3 > Sonja meint, ich sollte doch mal in eine Modeboutique gehen. Aber die sind mir zu teuer.

4 > Du solltest einfach mal eine sportliche Hose und ein tolles T-Shirt anprobieren.

b Was beobachten Sie in den Beispielen? Kreuzen Sie an.

Vorschläge mit den Wörtern *doch, einfach, vielleicht* ... sind ☐ freundlicher ☐ strenger. Deshalb werden sie oft mit den Wörtern *doch, einfach, vielleicht* ... formuliert.

c Sie treffen eine Bekannte, die im Regen nass geworden ist und friert. Was schlagen Sie ihr vor?

Du solltest ...

etwas Warmes trinken ▪ in ein Café gehen ▪ in ein Museum gehen ▪
einen Regenschirm kaufen ▪ ins Hotel zurückgehen ▪ nach Hause fahren ▪
ein Taxi bestellen ▪ nicht auf der Treppe sitzen ▪ etwas Warmes anziehen ▪ ...

Wendungen und Ausdrücke   Mal was anderes!

Wünsche formulieren (→Einstieg)

Ich würde/möchte gern mal …

Vermutungen über Gründe äußern (→A1)

Ich glaube, vielleicht wegen … ■ Oder weil
sie / er … ■ Sie machen das, weil sie …

Ziele formulieren (→A3)

Viele wandern aus, um … zu … / damit …

argumentieren (→B3b)

… Deshalb muss sie … ■
Ein Auslandskorrespondent lebt nämlich …

um einen Rat bitten (→C2a)

Hätte jemand von euch einen Vorschlag
(, was ich machen könnte)?

Gefallen / Nichtgefallen äußern (→C1b)

Mann A finde ich nicht sehr attraktiv / …, der Anzug passt
ihm nicht. Bei Mann A passt … / passt … nicht zum …. ■
Ich finde es nicht gut, wenn jemand … trägt/anhat. ■
Ich mag … am liebsten. ■ Mir gefällt … besser. ■
Mir gefällt es besser, wenn …

ein Problem beschreiben (→C2a)

Ich befinde mich in einer Krise. ■ Irgendetwas muss
sich ändern. ■ So gefalle ich mir nicht mehr. /
Das gefällt mir nicht mehr. ■ Ich habe (echt) ein Problem. ■
Ich weiß nicht, wo ich anfangen soll.

Vorschläge machen (→C2d)

Ich würde … ■ Du solltest vielleicht … ■
Du könntest auch … ■ Du könntest zum
Beispiel / vielleicht … ■ Frag doch mal, ob …

Grammatik   Mal was anderes!

Grund und Ursache ausdrücken

mit *weil / da*
Sie wandern aus, weil sie sich im Ausland verliebt haben.

mit *deshalb / darum / deswegen*
Sie ist Auslandskorrespondentin. Deshalb / Darum / Deswegen muss sie oft lange arbeiten.

mit *denn*
…, denn sie brauchen auf jeden Fall Auslandserfahrung.

mit *nämlich*
…, sie brauchen nämlich Auslandserfahrung.

mit *wegen*
Sie geht wegen einer neuen Liebe ins Ausland.

Ziel / Zweck / Absicht ausdrücken

mit *um … zu*
Viele wanden aus, um ein neues Leben zu beginnen. | nur bei derselben Person (demselben Subjekt) möglich

mit *damit*
Viele machen das, damit ihre Kinder eine neue Sprache lernen können. | Konjunktion, bei verschiedenen Personen

Vorschläge mit *sollte*

Du solltest vielleicht mal einen guten Freund fragen. | Mit den Modalpartikeln *vielleicht, mal, doch, einfach*
klingen Vorschläge netter, freundlicher.

4 So war's

1 Drei Fotos – eine Geschichte
Sehen Sie sich die Fotos an und wählen Sie eine Fotoreihe (A oder B) aus.

A

1

2

3

B

4

5

Muscheln sammeln

6

2 Was verbinden Sie mit Ihrer Fotoreihe? Welche Geschichte fällt Ihnen ein?
Notieren Sie passende Wörter und Sätze zu Ihrer Geschichte.

3 Erzählen Sie mithilfe Ihrer Notizen Ihre Geschichte.

> Als ich meinen Führerschein gemacht habe, da hat mein Vater mir auch gleich sein Auto geliehen ...

> Ich habe mal Urlaub an der Ostsee gemacht ...

Lernziele:
→ über Vergangenes berichten
→ ein Ereignis / Erlebnis beschreiben / erzählen
→ einen Kommentar schreiben

Textsorten:
Erlebnisbericht ■ Forumstexte ■ Onlinekommentare ■ Zeitungsberichte ■ Radiosendung

Grammatik:
Temporalangaben ■
Temporalsätze ■
Adverbien, Präpositionen ■
Vergangenheitsformen

A · Mein erster Tag

1.27

A1 **a** Wovon berichtet die junge Frau? Hören Sie den Text und kreuzen Sie an.

erster Tag als Auszubildende ☐ ■ erster Arbeitstag ☐ ■
erster Schultag ☐ ■ erster Tag im Kindergarten ☐ ■
erster Tag an der Universität ☐

b Wie fand sie den ersten Schultag?

1.27

c Welche der folgenden Gegenstände werden im Hörtext genannt?
Hören Sie noch einmal und kreuzen Sie an.

Schultasche ☐ ■ Schultüte ☐ ■ Rucksack ☐ ■ Federmäppchen ☐ ■ Stift ☐ ■ Füller ☐ ■
Kugelschreiber ☐ ■ Bleistift ☐ ■ Buntstifte ☐ ■ Filzstifte ☐ ■ Heft ☐ ■ Mappe ☐ ■ Tagebuch ☐ ■
Tafel ☐ ■ Kreide ☐ ■ Schwamm ☐ ■ Pult ☐ ■ Tisch ☐ ■ Stuhl ☐ ■ Klassenraum ☐ ■ Schere ☐

A2 Arbeiten Sie zu zweit. Lesen Sie den folgenden Bericht.
Beantworten Sie dann die Fragen 1–4.

Also mein erster Schultag, der war am 10. September 1993.
Ich habe mich sehr auf die Schule gefreut, weil ich endlich
lesen lernen wollte. Aber ich war auch sehr aufgeregt, weil
ich doch noch niemanden gekannt habe. Wir waren erst vor ein
paar Tagen in die Stadt gezogen. Wir mussten schon am ersten
Schultag unsere Schultasche mitnehmen. Meine Schultasche
war leer. Später wusste ich auch, warum. Alle anderen Eltern
hatten einen Zettel bekommen. Eine lange Liste mit allem, was
man für die Schule braucht. Aber die Lehrerin war nett, sie
hat mich beruhigt und gesagt, ich soll die Sachen eben in den
nächsten Tagen kaufen. Danach haben wir zwei lustige Lieder
gelernt. Und als der erste Schultag vorbei war, hatte ich auch
schon drei neue Freunde.

1 Warum hat sich Mario gefreut?
2 Warum war er aufgeregt?
3 Was war bei ihm anders als bei seinen Mitschülern?
4 Worüber hat er sich sicher auch noch gefreut?

AB 2–7

Ich **habe** mich **gefreut**.
Ich **wollte** lesen lernen.
Alle **hatten** einen Zettel **bekommen**
GRAMMATIK 2–5

A3 Wie war Ihr erster Schultag? Erzählen Sie darüber im Kurs.

WORTSCHATZ 1
TEXTE BAUEN 6, 7

– Wann war Ihr erster Schultag?
– Was ist da passiert?
– Wie waren Sie? Wie haben Sie sich gefühlt? (groß, fremd, interessiert,
  stolz, unsicher, fröhlich, zufrieden, glücklich, traurig, neugierig, …)
– Was mussten Sie mitnehmen?
– Was haben Sie gemacht? Was hat die Lehrerin gemacht (fragen, antworten,
  erklären, singen, malen, basteln, zeichnen, aufpassen, lesen, schreiben, rechnen …)
– Haben Sie ein Geschenk bekommen?
– Wie war Ihre erste Lehrerin / Ihr erster Lehrer? (ernst, fröhlich, nett, lustig, streng, …)

Nur geträumt?

B1 Unsere Träume – Forum

a Lesen Sie den Informationstext des Forums.

> Jeder Mensch träumt. Und zwar hat man pro Nacht sehr viele Traumsequenzen, die aber normalerweise sehr kurz sind. Manche dauern Sekunden, manche Minuten. Meistens träumt man von den Dingen, die am Tag passiert sind. Leider hat man die Träume am Morgen meistens schon wieder vergessen. Nur an manche kann man sich am nächsten Tag noch erinnern. Oft sind das Albträume*.
> Sie möchten nun wissen, was Ihre Träume bedeuten? Melden Sie sich zu unserem Traumdeuter-Forum an. Schreiben Sie uns Ihren Traum – wir erklären Ihnen dann, was er bedeutet.

*der Albtraum = ein schlechter Traum, meistens bekommt man Angst

b Für wen ist das Forum interessant? Welche Aussage ist richtig? Kreuzen Sie an.

1 Das Forum ist für Leute, die gern interessante Geschichten aufschreiben. ☐
2 Das Forum ist für die Personen, die ihre Träume nicht vergessen möchten. ☐
3 Das Forum ist für die, die sich für die Bedeutung ihrer Träume interessieren. ☐
4 Das Forum ist für die, die Angst haben, wieder einen Albtraum zu haben. ☐

B2 Typische Träume? Fragen Sie Dr. Jonas.

> **Sie wollten schon immer wissen, was die drei häufigsten Träume bedeuten?
> Dr. Jonas verrät es Ihnen.**

Lesen Sie die Berichte A–C. Lesen Sie dann die Antworten 1–3.
Welche Antwort passt? Ordnen Sie zu. Vergleichen Sie dann im Kurs.

Traum	A	B	C
Antwort			

A
Ich bin durch eine wunderschöne Landschaft geflogen, unter mir lagen Berge, Täler, Wiesen und Wälder. Wirklich, ich konnte fliegen. Aber plötzlich konnte ich meine Arme nicht mehr bewegen. Ich bin gefallen, immer tiefer, immer schneller … Und kurz bevor ich auf dem Boden angekommen bin, bin ich aufgewacht.
JH

B
Gestern hatte ich einen Traum, den ich schon sehr oft geträumt habe. Ich wurde auf der Straße plötzlich verhaftet. Danach musste ich dann einem Kriminalbeamten erklären, wo ich gestern gewesen bin, was ich gemacht und gesagt habe. Wen ich getroffen habe. Ziemlich unangenehm.
SoL

C
Ich stand wieder in meinem Klassenraum. Vor mir die Tafel mit einer Aufgabe. Hinter mir zwei Lehrer und die Schuldirektorin. In der letzten Reihe saßen dicht gedrängt meine Mitschüler. Mündliches Abitur in Mathematik. Und ich konnte die Aufgabe nicht lösen, ich habe die Aufgabe nicht verstanden, ich konnte die Zahlen nicht lesen, ich wusste überhaupt nicht, was ich machen sollte. Und dann fingen die Mitschüler an zu lachen. Die Direktorin holte tief Luft – die Wanduhr tickte.
M

1

Der Traum bedeutet nicht, dass Sie damals in der Prüfung schlecht waren. Wenn Sie von einer Prüfung träumen, die Sie früher einmal gemacht haben, dann haben Sie Angst vor Veränderungen. Vielleicht sind Sie überhaupt eher ängstlich. Sie möchten, dass alles so bleibt, wie es ist!

Dr. Jonas

2

Ein klassischer Traum. Sie glauben, das bedeutet, dass Sie ein Supertyp sind, der bald fliegen kann? Da irren Sie sich: Sie haben gerade eine Krise und Sie wissen nicht, wie Sie das Problem lösen können. Treffen Sie die richtigen Entscheidungen und Sie sind den Traum los.

Dr. Jonas

3

Nein, der Traum bedeutet nicht, dass Sie ein Verbrecher sind. Aber er bedeutet, dass Sie ein neues Leben anfangen wollen. Ganz neue Ziele haben. Vielleicht haben Sie deswegen ein schlechtes Gewissen. Besprechen Sie Ihre Pläne mit Ihren Freunden und Ihrer Familie.

Dr. Jonas

Gestern hatte ich einen Traum.
Danach musste ich ...
Und **dann** fingen die Mitschüler an zu lachen.

GRAMMATIK 8

B3   **Sie haben sich in dem Forum angemeldet. Beschreiben Sie Ihren Traum.**

AB 8, 9   TEXTE BAUEN 9

1   Lesen Sie die Stichpunkte zu drei Träumen (A–C) und wählen Sie einen Traum aus. Sie können aber auch Ihre eigenen Stichpunkte notieren (D).

A

weit weg ein Berg ▪ zum Berg laufen ▪
auf den Berg klettern ▪ von oben alles sehen

B

allein sein ▪ großes Tier kommen ▪ gefährlich sein ▪
weglaufen wollen ▪ sich nicht bewegen können ▪
dann aber Tier besiegen

C

fremde Menschen treffen ▪ eine ganz andere
Sprache sprechen ▪ mit ihnen sprechen können

D

....

2   Schreiben Sie jetzt Ihren Beitrag im Forum.
Erzählen Sie, was Sie geträumt haben.

– Lesen Sie Ihre Stichpunkte.
– Formulieren Sie Sätze zu den Stichpunkten.
– Verbinden Sie die Sätze (*und, dann, danach, während, nachher, nachdem* ...)
– Schreiben Sie jetzt Ihren Text.
– Lesen Sie Ihren Text noch einmal. Korrigieren Sie, was Ihnen nicht so gut gefällt.
– Ihre Lernpartnerin / Ihr Lernpartner liest Ihren Text. Sie / Er markiert Stellen,
  die sehr gut gelungen sind. Sie / Er notiert ein Fragezeichen, wenn sie/er etwas nicht versteht.
– Überarbeiten Sie zum Schluss Ihren Text noch einmal.

Fokus Grammatik: Gegenwart und Vergangenheit

1 Wann benutzt man die Gegenwartsform, wann die Vergangenheitsformen?

a Lesen Sie die Texte A–D.

A Das ist meine Geburtstags-torte. Die gibt's heute Nachmittag, wenn meine Freunde kommen.

B Das auf dem linken Foto ist meine Geburtstagstorte und auf dem rechten Foto seht ihr unseren Hund Bello, der gerade die letzten Reste der Torte verspeist.

C An meinem zehnten Geburtstag hatte ich wohl die schönste Torte meines Lebens. Aber wir haben nie erfahren, wie sie schmeckte. Unser Hund Bello hat sie aufgefressen, während wir in der Schule waren. Auf die Frage, ob sie ihm geschmeckt hat, konnte er leider nicht antworten.

D Bello war mein Lieblingshund. Ein ziemlich frecher Hund dazu. Einmal hat er sogar meine Geburtstagstorte aufgefressen. Aber ich konnte ihm nicht böse sein. Schuld war mein Bruder. Der hatte die Torte nämlich auf den Boden gestellt.

b Lesen Sie die Regeln 1–3. Wie ist es richtig? Kreuzen Sie an. Ordnen Sie in a zu.

1 Ich spreche darüber, was ich gerade tue oder plane. Dann verwende ich
die ☐ Gegenwartsform ☐ die Vergangenheitsformen.

2 Ich beschreibe, was man auf einem Foto sieht. Dann verwende ich
die ☐ Gegenwartsform ☐ die Vergangenheitsformen.

3 Ich erzähle eine Geschichte, die früher passiert ist. Dann verwende ich
die ☐ Gegenwartsform ☐ die Vergangenheitsformen.

2 Wie heißen die markierten Zeitformen in der Grammatik? Ordnen Sie zu.

1 Ich arbeite. ☐ _b_
2 Ich gehe heute Abend ins Kino. ☐
3 Das Kind sagte nichts. Es stand nur da und schaute mich an. ☐
4 Ich habe das Polizeiauto erst im letzten Augenblick gesehen. ☐

5 Ich wollte eigentlich zu Hause bleiben. Dann bin ich doch ins Kino gegangen. ☐
6 Der alte Mann war blind. Darum hatte er das Auto auch nicht gesehen. Der Fahrer konnte aber noch bremsen. Im letzten Moment. Wie der das geschafft hat, weiß ich nicht. ☐

a Perfekt **b** Präsens **c** Plusquamperfekt **d** Präteritum

3 a Erinnern Sie sich? Welche Zeitformen findet man normalerweise wo? Kreuzen Sie an.

A Gesprochene Sprache	B Brief, E-Mail, Forumsbeitrag	C Geschriebene Sprache (Bericht, Erzählung, Roman, Märchen.)	
1 Präsens ☐	Präsens ☐	Präsens ☐	* Modalverben und *sein, haben, werden*, …
2 Präteritum einiger Verben* ☐	Präteritum einiger Verben* ☐	Präteritum einiger Verben* ☐	
3 Präteritum aller Verben ☐	Präteritum aller Verben ☐	Präteritum aller Verben ☐	
4 Perfekt ☐	Perfekt ☐	Perfekt ☐	
5 Plusquamperfekt ☐	Plusquamperfekt ☐	Plusquamperfekt ☐	

Hinweis: Wie Sie sehen, liegt es eher an der Textsorte, welche Vergangenheitsform man verwendet. Und nicht daran, dass die Zeitformen Perfekt und Präteritum verschiedene Bedeutungen haben. (In der Umgangssprache gibt es regionale Unterschiede. So verwendet man im Norden häufiger das Präteritum als im Süden.)

b Lesen Sie noch einmal Text D in Aufgabe 1a.
Wann verwendet man das Plusquamperfekt? Was stimmt? Kreuzen Sie an.

1 Wenn man etwas erzählt, was in der Vergangenheit passiert ist und man nicht nur Präteritum und Perfekt verwenden möchte. ☐

2 Wenn man etwas erzählt, was in der Vergangenheit passiert ist (Präteritum und Perfekt) und dabei über etwas berichtet, was vorher passiert ist. ☐

c Wie viele Vergangenheitsformen gibt es in Ihrer Muttersprache?
Welche Regeln gibt es? Machen Sie sich die Unterschiede klar.

C1 a Lesen Sie die folgenden Texte.
Lesen Sie dann die Schlagzeilen und ordnen Sie sie zu.

A 200 Euro Belohnung ■ **B** Leicht verdientes Geld ■ **C** Geld aus dem Automaten

Text 1 [ ]

Seit Januar passierte es immer wieder, dass keine Zigaretten aus den Zigarettenautomaten kamen, aber auch das Geld im Automaten steckenblieb. Nachdem sich immer mehr Käufer bei der Firma beschwert hatten, wurde ein Detektiv engagiert.
Dieser beobachtete mehrere Wochen lang einen Zigarettenautomaten in einer engen Straße. Gestern konnte der Täter endlich verhaftet werden: ein 59-jähriger Oberhausener. Auf der Polizeistation erzählte er dann, dass er zu wenig Rente hat. Die Polizisten staunten nicht schlecht, als sie hörten, dass der „Opa" seit Monaten immer montags, mittwochs und freitags nach Gelsenkirchen kam, die Zigarettenautomaten „kaputt machte" und sich dann das Geld herausholte. An diesen Tagen besuchte seine Frau nämlich ihre 103-jährige Mutter. Außerdem erklärte er: „Rauchen ist ungesund. Und deshalb ist es auch gut, was ich mache.

Text 2 [ ]

Vor zweiundvierzig Jahren hat J. B. seine Ausbildung abgeschlossen und gleich danach eine Stelle im Finanzamt bekommen. Seit wann er mit seinem kleinen Nebenjob zusätzliches Geld verdient hat, weiß die Polizei noch nicht. Eins ist sicher: Während der letzten Monate hat J. B. sich jeden Tag an die tausend Euro auf sein Konto überwiesen. Tausend Euro von den Steuern, die die Leute bezahlt haben. Dem Sachbearbeiter Ulrich Moser waren fehlende Cent-Beträge aufgefallen. Er informierte seinen Chef, dieser die Polizei. Erst danach bemerkte man, wie viel Geld wirklich fehlte. Bis J. B. vor Gericht gestellt werden kann, müssen noch viele Fragen beantwortet werden. J. B. geht kommenden Monat in Rente.

Text 3 [ ]

Schon bevor die Polizei gestern bekannt gab, dass die verhaftete Person wieder frei ist, wussten die Leute in der Berner Straße, dass ihr G. M. unschuldig ist. Vor einer Woche war im Stadtzentrum die Stadtsparkasse überfallen worden. Der Täter konnte mit einer Million Euro entkommen. Gleich am nächsten Tag wurde G. M. (63), der beliebte Innenstadtbäcker, verhaftet. „Wir glauben kein Wort davon, bevor nicht alles bewiesen ist", sagten die Bewohner. Wer der Täter ist, weiß man noch nicht. Aber eins ist sicher, G. M. ist es nicht gewesen. Während die Bewohner der Berner Straße nun mit ihrem G. M. feiern, sucht die Polizei weiter nach dem Täter. Sie bittet alle Einwohner der Stadt um Mithilfe. Die Stadtsparkasse zahlt jedem Bürger, der etwas gesehen hat, 200 Euro auf sein Konto.

AB 10, 11

Vor zweiundvierzig Jahren …
Während die Bewohner feiern, …
GRAMMATIK 10, 11

b Was meinen die Leser?
Zu welchem Text passt welcher Kommentar?
Ordnen Sie zu. Ein Kommentar passt nicht.

1
Text ⬚

surfXY
Datum 3.5

Das ist ja spannend. Kurz vor der Rente musste er entdecken, dass sein Chef eine Bank ausgeraubt hat. Der kann einem wirklich leidtun.

2
Text ⬚

surfomi
Datum 4.5

So viel Geld. Das ist ja interessant. Dieser Bankräuber, der könnte mir was davon abgeben. Ich frag ihn mal. So 100 000 könnte ich schon verlangen. Aber davon würde ich G.M. etwas abgeben. Der arme Bäcker.

3
Text ⬚

funsun
Datum 3.5

So war das also. Unglaublich! Da sitzt ein Beamter im Büro, ärgert die Steuerzahler und stiehlt still und leise auch noch das Steuergeld. Und niemand merkt etwas. Das ist eine Frechheit. Das muss man bestrafen.

4
Text ⬚

Kasper3
Datum 3.5

Das ist doch traurig. Zuerst arbeitet der Mann Tag und Nacht, dann muss er in Rente. Danach reicht dann das Geld nicht mehr. So wird dann einer zum Dieb. Irgendwie kann ich das verstehen.

AB 12, 13 → WORTSCHATZ 12
TEXTE BAUEN 13

C2 **a** Wählen Sie einen Zeitungsbericht in C1a aus.
Lesen Sie ihn noch einmal.
Wie finden Sie den Inhalt des Berichts? Kreuzen Sie an.

traurig ⬚ ■ interessant ⬚ ■ spannend ⬚ ■ komisch ⬚ ■ seltsam ⬚ ■
merkwürdig ⬚ ■ nützlich ⬚ ■ langweilig ⬚ ■ unglaublich ⬚ ■ schockierend ⬚ ■

b Formulieren Sie einen kurzen Kommentar (80 Wörter) zu Ihrem Text.
(Hilfe finden Sie auf Seite 102.)

Fokus Grammatik: Zeitangaben

1 **Präpositionen**

Lesen Sie die Fragen und antworten Sie. Verwenden Sie dazu folgende Präpositionen.

am ▪ im ▪ seit ▪ um ▪ vor ▪ von ... bis ▪ bis

a Wann sind Sie geboren?
b Wie lange lernen Sie schon Deutsch?
c Wann waren Sie das letzte Mal im Kino?
d Wie lange dauert Ihr Kurs / Ihr Schuljahr?

e Wann machen Sie Urlaub?
f Wie lange wollen Sie noch Deutsch lernen?
g Wann hört Ihr Kurs heute auf?

2 **Konjunktionen**

Was passt? Ergänzen Sie die Sätze. Achten Sie auf die Groß- und Kleinschreibung.
Es sind machmal mehrere Lösungen möglich. Vergleichen Sie dann mit den Lösungen.

wenn ▪ nachdem ▪ bis ▪ seit ▪ bevor ▪ sobald ▪ während ▪ als

a .... sich immer mehr Käufer bei der Firma beschwert hatten, wurde ein Detektiv engagiert.

b .... seine Frau zu ihrer Mutter fuhr, fuhr der Rentner nach Gelsenkirchen.

c Es dauert sicher ein paar Monate, ... die Polizei den Bankräuber findet.

d .... der Rentner sich Geld aus den Zigarettenautomaten holt, geht er jeden Tag ins Café.

e .... J. B. im Finanzamt arbeitete, hat er sich jeden Tag tausend Euro auf sein Konto

überwiesen und die Steuerzahler betrogen.

f .... die Leute in der Straße feiern, sucht die Polizei den Bankräuber.

g .... J. B. vor Gericht gestellt werden kann, müssen noch weitere Beweise gefunden werden.

h „........................ ich weiß, wer der Täter ist, informiere ich die Polizei und bekomme die Belohnung",

dachte die alte Frau.

i .... G. M. in der Berner Straße ankommt, fängt die Musikkapelle an zu spielen.

3 **Adverbien**

Jetzt mal ehrlich. Wie ist das bei Ihnen? Lesen Sie die Fragen.
Kreuzen Sie die richtige Lösung an oder ergänzen Sie Ihre Antwort.

a Wie oft kochen Sie selbst? ☐ Immer. ☐ Manchmal. ☐ Oft. ☐ Selten. ☐ ....

b Wann machen Sie Sport? ☐ Täglich. ☐ Montags. ☐ Wöchentlich einmal. ☐ Nie. ☐ ....

c Wenn Sie einen Hund hätten, wann würden Sie mit ihm spazieren gehen?

☐ Morgens. ☐ Vormittags. ☐ Mittags. ☐ Nachmittags. ☐ Abends. ☐ Nachts. ☐ ....

d Sie wollen sparen. Wie lange tun Sie das? ☐ Tagelang. ☐ Monatelang. ☐ Jahrelang. ☐ ....

e Wann können Sie am besten arbeiten? ☐ Abends. ☐ Nachts. ☐ Morgens. ☐ Tagsüber. ☐ ....

1.28

4 **Lesen und hören Sie. Wie lange müssen Sie auf die gewünschte Hilfe warten?**
Ordnen Sie zu: ein bisschen (b); länger/lange (l).

● Kannst du mir mal schnell in der Küche
helfen und die Spülmaschine einräumen?

a ▲ Doch, doch, ich mache es, aber nicht sofort.
Ich mache es später. ☐

b ▲ Ja gern, ich komme sofort. ☐

c ▲ Klar, kein Problem, komme gleich. ☐

d ▲ Ja klar, nur nicht jetzt, aber bald. ☐

e ▲ Erst muss ich noch mein Computerspiel
fertig machen, dann mach ich es. ☐

f ▲ Ach, kann ich das nicht nachher machen? ☐

Zwei Menschen – zwei Ereignisse

D1 **a** Zwei Personen kennenlernen

Was könnte Frau Schäfer sein? Was glauben Sie? Kreuzen Sie an.

1 Fremdsprachensekretärin. ☐   2 Abiturientin. ☐   3 Studentin. ☐

b Was kann / konnte / will Frau Schäfer? Was glauben Sie? Kreuzen Sie an.

fließend mehrere Fremdsprachen sprechen ☐ ■ Fremdsprachen studieren ☐ ■
eine Ausbildung als Dolmetscherin machen ☐ ■ das Abitur machen ☐ ■
ihre Sprachkenntnisse im Ausland verbessern ☐ ■ Übersetzungen korrigieren ☐ ■
Bücher übersetzen ☐

c Was könnte Herr Meier von Beruf sein? Was glauben Sie? Kreuzen Sie an.

1 Förster. ☐   2 Jäger. ☐   3 Biologielehrer. ☐

d Was macht / machte er in seinem Beruf? Was glauben Sie? Kreuzen Sie an.

Tiere beobachten ☐ ■ sich um Pflanzen kümmern ☐ ■ sich um den Wald kümmern ☐ ■
den Wald sauber halten ☐ ■ Tiere und Pflanzen schützen ☐ ■ Touristen führen ☐ ■
Bäume pflanzen ☐ ■ sich erholen ☐ ■ auf den Wald aufpassen ☐ ■
ein Naturschutzgebiet leiten ☐

D2 Der aufregendste Augenblick in meinem Leben – Radiosendung

a Hören Sie den ganzen Text einmal.
1.29, 30 Waren Ihre Vermutungen in D1 richtig? Vergleichen Sie zu zweit.

b Lesen Sie die folgenden zehn Aussagen.
1.29, 30 Hören Sie den Text noch einmal. Sind die Aussagen richtig oder falsch? Kreuzen Sie an.

Isi Schäfer   richtig falsch

1 Sie hat im Gymnasium drei Fremdsprachen gelernt.   ☐   ☐
2 Von ihrer Großmutter bekommt sie einen Auslandsaufenthalt geschenkt.   ☐   ☐
3 Sie besucht Kurse in England, Frankreich und Spanien.   ☐   ☐
4 In Grammatik war sie aber leider nicht so gut.   ☐   ☐
5 Sie will Dolmetscherin werden.   ☐   ☐

Ulrich Meier   richtig falsch

6 Er arbeitet als Förster in Thüringen.   ☐   ☐
7 Er ruft regelmäßig im Ministerium an.   ☐   ☐
8 Er erfuhr am Telefon, dass er am nächsten Tag einen wichtigen Termin im Ministerium hat. ☐ ☐
9 Er hat Angst, dass er einen großen Fehler gemacht hat.   ☐   ☐
10 Er bekommt den Auftrag, das neue Naturschutzgebiet zu leiten.   ☐   ☐

D3 Möchten Sie „anrufen" und eine Geschichte erzählen,
die Sie selbst erlebt oder gehört haben?
Dann erzählen Sie Ihre Geschichte jetzt im Kurs.   AB 14   SÄTZE BAUEN 14

D4 Wie haben Ihnen die Geschichten gefallen? Sprechen Sie im Kurs.

Wendungen und Ausdrücke   So war's

einen Bericht kommentieren (→2Cc)

Das ist wirklich eine traurige / schockierende / … Geschichte. ▪ Ich kann gar nicht glauben, dass jemand (so wenig Geld hat / man jemanden ohne Grund verhaften kann / man einfach Geld stehlen kann) ▪ Aber es stimmt vielleicht, dass es manchen Menschen schlecht geht / manche Menschen Probleme haben / keine andere Lösung finden. ▪ Ich kann mir aber nicht vorstellen, dass das stimmt / ein Rentner wirklich so wenig Geld hat. / man das nicht merkt. ▪ Gut gefällt mir der Kommentar von … Sie / Er hat recht. / Das stimmt. ▪ Ich finde auch, dass …

Grammatik   So war's

Gegenwart und Vergangenheit

Gegenwartsform oder Vergangenheitsformen?

Etwas geschieht jetzt oder man plant es (ganz bestimmt).	Gegenwartsform
Man beschreibt ein Bild / ein Foto / …	Gegenwartsform
Man erzählt / berichtet etwas aus der Vergangenheit.	Vergangenheitsformen

Perfekt
Erzählung / Bericht in der gesprochenen Sprache / E-Mail / Brief / Forumsbeitrag / Blogeintrag

Präteritum
Erzählung / Bericht in Zeitungsberichten / in der Literatur; Modalverben und *sein, haben, werden* … in allen Textsorten.

Plusquamperfekt (Vorvergangenheit)

Schuld war mein Bruder. Der hatte die Torte nämlich auf den Boden gestellt.

Wenn man etwas erzählt, was in der Vergangenheit passiert ist (Präteritum und Perfekt), und dabei über etwas berichtet, was vorher passiert ist.

Formen*

Präsens	Präteritum	Perfekt	Plusquamperfekt	
ich habe	ich hatte			
ich bin	ich war			
ich will (gehen)	ich wollte (gehen)			
ich sage	ich sagte	ich habe gesagt	ich hatte gesagt	* Die Übersicht enthält
ich gehe	ich ging	ich bin gegangen	ich war gegangen	die gebräuchlichen Formen.

Zeitangaben

mit Präpositionen
Am Montag muss ich wieder arbeiten. | weitere: im (Sommer), um (fünf Uhr), seit (drei Tagen), vor (drei Wochen), von (Montag) bis (Freitag), bis (Freitag)

mit Konjunktionen
Ich esse, wenn ich nach Hause *komme*.
Die Firma engagierte einen Dedektiv, nachdem sich immer mehr Kunden beschwert *hatten*.
Ich esse jetzt, bis ich satt *bin*.
Ich habe geschlafen, seit ich nach Hause gekommen *bin*.
Ich zieh mich nur schnell um, bevor ich ins Theater *gehe*.
Ich rufe dich an, sobald ich zu Hause *bin*.
Ich kann nicht telefonieren, während ich *arbeite*.
Ich habe gerade gegessen, als die Nachricht gesendet *wurde*.

mit Adverbien

Ich koche oft.	*weitere*: manchmal, immer, selten, nie, wöchentlich (einmal), täglich…
Ich mache montags Sport.	*weitere*: nachmittags, abends, …
Er war tagelang krank.	*weitere*: wochenlang, jahrelang, monatelang, …, lange, …
Die Polizei ist gleich gekommen.	*weitere*: sofort, bald, nachher, erst, später, …

5 Also gut, geht in Ordnung

1 a Sehen Sie sich die Situationen 1 und 2 an.

Situation 1
Im Restaurant

„Kein Fleisch? Beim Tafelspitz*? Ausgeschlossen. Aber wenn Sie wollen, hol ich noch etwas Fleisch aus der Küche. Wünschen Sie sonst noch etwas?"

Schon wieder so ein Typ. Viel essen, wenig bestellen und wenig bezahlen. Kenn ich schon. Aber: Der Kunde ist König.

* Tafelspitz: österreichische Spezialität, gekochtes Rindfleisch in Suppe

War das gut. Ich habe so einen Hunger, aber noch eine Portion bestellen, das ist mir zu teuer

....

Situation 2
Beim Friseur

....

Um Gottes willen, schon wieder! Das funktioniert bei mir einfach nicht. Was sag ich jetzt bloß!?

Hey, was ist denn hier passiert?! Knallrot. Aber Moment mal: eigentlich total cool! Ich tu jetzt mal erschrocken und beschwere mich!

b Was passt? Was könnten die Personen sagen? Ergänzen Sie die Sprechblasen.

2 Was haben Sie geschrieben? Tauschen Sie sich aus.

Lernziele:
→ jemanden beauftragen
→ sich beschweren
→ argumentieren und sich einigen
→ eine Genehmigung beantragen
→ auf einen Antrag reagieren
→ auf eine unangenehme Nachricht reagieren
→ einen Konflikt lösen

Textsorten:
Auftragsbestätigung ■
telefonischer Auftrag ■
Rechnung ■ Beschwerde-
anruf ■ Beschwerdebrief ■
Sachtext ■ Einladung ■
Behördengespräch ■
Anzeige ■

Grammatik:
Partikeln ■
Aufforderung ■
Relativpronomen ■
Relativsatz ■

A „So war das aber nicht abgemacht!"

🔊 2.2

A1 Auftragsannahme am Telefon
Lesen Sie den Notizzettel. Hören Sie dann das Gespräch.
Kommen im Gespräch alle Punkte vor, die auf dem Notizzettel stehen?
Überprüfen Sie bitte. Markieren Sie, was im Gespräch fehlt.

Lieber Herr Leitner,

hier noch mal die Auftragsbestätigung:

Kleiner Service
Ölwechsel
Ölfilter
fit machen für TÜV* und TÜV machen lassen

Und überprüfen Sie bitte auch die Bremsen, hab das Gefühl, der Wagen
zieht nach links beim Bremsen, und dann noch die Scheibenwischer hinten.
Wenn Sie fertig sind, bitte anrufen.

Gruß, Eva Taler, den 13. 4.

* TÜV: Technischer Überwachungs-
verein; in bestimmten Abständen
müssen alle Autos technisch
überprüft werden. Dazu gehört in
Deutschland auch eine Abgasuntersuchung.

TÜV-Plakette

A2 Das Auto fährt wieder bestens.
Lesen Sie den Ausschnitt der Rechnung.
Vergleichen Sie die Angaben mit
dem Auftrag in A1. Was fällt Ihnen auf?

LongLife Service mit Ölwechsel	€ 137,50
Ölfilter	€ 20,95
Zündkerze, 4x	€ 62,00
Bremsen, rechts hinten Bremsscheiben (2x),	
Bremsbeläge erneuern 4x	€ 863,94
weitere kleine Ersatzteile	€ 22,90
Katalysator* mit Aus- und Einbau	€ 523,55
Arbeitszeit (pauschal)	€ 106,32
Scheibenwischer	–
Summe:	€ 1737,16
Mehrwertsteuer 19 %	€ 330,06
zu zahlender Gesamtbetrag	**€ 2067,22**

Bitte überweisen Sie den Rechnungsbetrag ohne Abzüge unter
Angabe Ihrer Rechnungsnummer innerhalb von fünf Werktagen
auf unser Konto. Wir bedanken uns für den Auftrag.

Abgasuntersuchung

* Katalysator: Wirkung =
weniger Gifte in den Abgasen.
Ist der Katalysator kaputt,
sind die Werte schlecht und
man darf nicht mehr fahren.

Überprüfen Sie den
Wagen doch bitte genau.
GRAMMATIK 2

AB 1–4

WORTSCHATZ 1
SÄTZE BAUEN 3
TEXTE BAUEN 4

A3 „So nicht, Herr Leitner!"

a Frau Taler bekommt die Rechnung. Sie ruft ihre Werkstatt wieder an.
Warum? Was meinen Sie? Kreuzen Sie an und ergänzen Sie.

☐ Sie ärgert sich über die Rechnung, weil ....

☐ Sie freut sich über die perfekte Reparatur, weil ....

☐ Alles in Ordnung, nur die Werkstatt hat etwas vergessen: ....

🔊 2.3

b Hören Sie jetzt das Telefongespräch und korrigieren
beziehungsweise ergänzen Sie Ihre Antwort in a.

A4 **a** Lesen Sie die Wendungen und Ausdrücke a–h.

Sie müssen doch anrufen, bevor Sie ...   Ich bin wirklich sehr enttäuscht.
Ich hätte nicht gedacht, dass ...   Es ist wirklich zu dumm ...
Ich hab mir das ganz anders vorgestellt ...   Ich muss Ihnen leider sagen, dass ...
Das ist wirklich sehr ärgerlich.   ... hat mich doch sehr enttäuscht.

b Lesen Sie den Beschwerdebrief von Frau Taler.
Markieren Sie die Wendungen und Ausdrücke aus a im Brief.

Sehr geehrter Herr Stockinger,

schon seit Jahren bin ich Stammkundin bei Ihnen und war immer sehr zufrieden mit der Qualität Ihrer
Arbeit. Aber was diesmal war, ist mir doch noch nie passiert. Ich bin wirklich sehr enttäuscht.
Ich habe mein Auto in der Werkstatt abgegeben, wie immer, und habe vorher alles mit Herrn Leitner,
Ihrem Mechaniker, besprochen. Und ich habe deutlich gesagt, dass ich wenig Geld ausgeben möchte.
Als gestern die Rechnung kam, habe ich gesehen, dass Sie das ganze Bremssystem erneuert und
den Katalysator ausgetauscht haben, ohne mich vorher zu fragen. Das ist wirklich sehr ärgerlich.
Sie müssen doch anrufen, bevor Sie mit so einer großen Reparatur beginnen.
Ich bezahle sicher nur, was ich bestellt habe, und bin nicht bereit, den Betrag zu überweisen.
Ich erwarte entsprechende Vorschläge.

Mit freundlichen Grüßen
Eva Taler

Kopie mit Post an Rechtsanwalt Dr. jur. Otto Senkel

A5   Der Kunde ist König

AB 5–6 → SÄTZE BAUEN 5
TEXTE BAUEN 6

a Welche Argumente hat Frau Taler? Welche Herr Leitner?
Notieren Sie die Argumente auf einem Notizzettel.

b Rollenspiel: Arbeiten Sie zu zweit und einigen Sie sich.

Rolle **A**	Rolle **B**
Sie sind Herr Leitner.	Sie sind Frau Taler.
Sie haben getan, was Sie tun mussten (siehe Auftrag).	Sie haben nicht in den Auftrag geschrieben, dass man Sie anrufen soll. Ihr Auto durfte so aber nicht mehr fahren.
Aber Sie haben nicht angerufen.	Die Reparatur ist Ihnen zu teuer.
Machen Sie Frau Taler einen Vorschlag.	Machen auch Sie einen Vorschlag.

20 % weniger bezahlen / 20 % Rabatt bekommen ▪ in Raten zahlen ▪
Auto verkaufen ▪ Katalysator nicht bezahlen ▪ Auto der Werkstatt schenken

AB 7–8 → SÄTZE BAUEN 7
TEXTE BAUEN 8

Die folgenden Wendungen und Ausdrücke helfen Ihnen.

So etwas kann man doch nicht machen. ▪ Na gut, das stimmt schon, aber ... ▪
Das tut mir sehr leid, aber ... ▪ Sie haben den Auftrag schriftlich bestätigt. ▪
Sie müssen aber auch daran denken, dass ... ▪ Ich bin nicht bereit, ... ▪
Vielleicht können wir ja ... ▪ Wir finden sicher eine Lösung: Wie wär's denn mit
folgendem Vorschlag: ... ▪ Tut mir leid, das kann ich mir einfach nicht leisten. ▪
Da haben Sie mich leider missverstanden. ▪ ...
Weil das Ganze ein Missverständnis war, schlage ich vor, dass ...

B Einkaufen in der virtuellen Welt

B1 Wo kaufen Sie ein? Machen Sie eine kleine Statistik im Kurs.

1 Die folgende Tabelle wird an die Tafel geschrieben.

	Kaufhäuser	Supermarkt	kleine Geschäfte	Ketten	Internet
Kleidung					
Lebensmittel					
Elektrogeräte					
Sportartikel					
Geschenke					
Pflege- und Reinigungsartikel					
Fahrkarten, Flugtickets ...					

2 Wie kaufen Sie ein? Machen Sie überall einen Strich, wo Sie die Dinge einkaufen (mehrere Striche sind möglich, zum Beispiel wenn Sie Kleidung in Kaufhäusern, in kleinen Geschäften und im Internet kaufen).

3 Statistik auswerten: Zählen Sie die Striche. Wo kaufen Sie häufiger ein? Welche Artikel? Wie viele von Ihnen kaufen im Internet? Welche Artikel?

B2 Europäische Verbraucher vertrauen lieber Online-Shop im Heimatland

a Lesen Sie die folgenden Fragen. In welchem Abschnitt finden Sie die Antworten? Lesen Sie den Text und schreiben Sie den Buchstaben neben den Text.

A Wo sind die Online-Geschäfte der Kunden?
B Wie viele Kunden kaufen im Internet ein?
C Welche Gründe haben Kunden für Online-Shopping?

1 [ ] Das wollten Kaufleute schon lange wissen: Wie kaufen die EU-Bürger ein? Offline, also im Geschäft, im Kaufhaus, im Supermarkt ihrer Wahl, oder begeben sie sich ins Internet und kaufen online ein? Das Ergebnis: 56 Prozent der Europäer kaufen auch im Internet ein. Und die Zahl der Online-Käufer steigt ständig weiter an.

2 [ ] Die Mischung macht's: Bestimmte Produkte werden weiterhin wie gewohnt gekauft, anderes wird im Internet besorgt, weil es einfacher ist oder weil das Angebot besser ist. Und manches geht fast nur noch über das Internet, wie zum Beispiel Fahrkarten oder Flugtickets. Es geht schneller, es ist einfacher und kostet oft auch weniger. Dazu kommt: Man kann in Ruhe die Preise und Angebote vergleichen.

3 [ ] Es wurde aber auch untersucht, in welche Online-Shops die europäischen Kunden gehen. Das Ergebnis ist sehr interessant: Online-Shopper bleiben in ihrem Land. Dabei ist das Einkaufen in einem Online-Shop im Nachbarland oder sogar auf anderen Kontinenten ganz einfach. Und trotzdem, sie haben mehr Vertrauen in einen Online-Anbieter, der in ihrem Land ist. Nur 13 Prozent der Befragten „gehen" auch mal „ins Ausland".

4 [ ] Vor allem viele junge Menschen nutzen zum Kauf von Produkten und Dienstleistungen das Internet. Warum sie das tun? Weil die Online-Geschäfte immer offen sind. Die Ware wird direkt nach Hause geliefert, oft ist sie am nächsten oder übernächsten Tag schon da. Wer ganz unabhängig sein will, hat eine Packstation. Dann bekommt man eine SMS, dass das Paket da ist, und kann es bequem abholen, meistens auch spätabends. Was junge Menschen besonders interessiert, ist, wie andere Kunden das Produkt, das sie kaufen wollen, bewerten. „Da seh ich gleich, ob das stimmt, was in der Werbung steht", sagte ein überzeugter Online-Kunde.

b Lesen Sie jetzt den Text noch einmal und unterstreichen Sie die wichtigsten Informationen zu den Fragen A, B und C.

c Notieren Sie jetzt die Antworten auf die Fragen in Stichworten. Vergleichen Sie Ihre Antworten dann im Kurs.

... Online-Anbieter,
   der in ihrem Land is
.. das Produkt,
   das man kaufen will
GRAMMATIK 10–12

AB 9–13

B3 Passt Ihr Ergebnis aus B1 zu den Informationen im Text? Oder kaufen Sie ganz anders ein als ein Durchschnittseuropäer? Diskutieren Sie und sagen Sie auch, warum Sie lieber in ein Geschäft gehen oder warum Sie lieber online einkaufen. Argumente finden Sie auch auf Seite 95.

WORTSCHATZ 9
SÄTZE BAUEN 13

Fokus Grammatik: Relativpronomen – Relativsatz

1 Mit einem Relativsatz kann man eine Sache oder eine Person genauer beschreiben.
Auf welches Wort beziehen sich die Relativsätze? Unterstreichen Sie es.

Ich maile dir jetzt die Internet-Adresse von einem Online-Anbieter,	*der* auf der ganzen Welt bekannt ist.
	den du von überall her erreichen kannst.
	dem ich vertraue.
	bei *dem* ich regelmäßig einkaufe.
	wo du wirklich alles findest.

2.4

2 a Hören Sie und lesen Sie die Sätze,
die auf dem Wochenmarkt gesprochen werden.

b Markieren Sie dann die Relativpronomen und
unterstreichen Sie die Relativsätze wie im Beispiel.
Markieren Sie dann auch die Wörter, auf die sich
die Relativsätze beziehen.

1 Zum Glück leben wir in einer Stadt, **in** der es noch einen Wochenmarkt gibt.

2 Der Mann da drüben auf dem Bürgersteig, den du vor dem Schreibwarengeschäft siehst, das ist unser neuer Bürgermeister. Ist er nicht ein eleganter Mann?

3 Was? Mir wollen Sie das Gemüse verkaufen, das die anderen nicht haben wollten? Ich weiß genau, warum die das nicht haben wollen.

4 Tss, da ist schon wieder der ältere Mann, der immer so ein Theater macht. Der glaubt immer, man will ihn betrügen.

5 Morgen ist unser Bürgerfest, bei dem du mal wieder nicht mitmachst. Du gehst ja lieber auf eine Demonstration.

6 Welche Demo? Meinst du etwa die, die dein lieber Bürgermeister verboten hat? Aber dem werden wir es zeigen. Das lässt sich unsere Bürgerinitiative nicht gefallen.

c Wo steht das Verb im Relativsatz?
Markieren Sie es in den Sätzen 1–6 mit einer anderen Farbe.

d Wie lauten die Regeln? Kreuzen Sie an.
1 Im Relativsatz steht das Relativpronomen ☐ am Anfang ☐ in der Mitte ☐ am Ende des Satzes.
2 Im Relativsatz steht das Verb ☐ am Anfang ☐ in der Mitte ☐ am Ende des Satzes.
3 Ob das Relativpronomen im Nominativ, im Akkusativ, im Dativ oder mit einer Präposition steht, hängt
☐ von dem Verb im Relativsatz ab ☐ hängt von der Sache oder von der Person ab.

3 Lesen Sie die folgenden Sätze. Ergänzen Sie das Relativpronomen.

a Jetzt zeige ich dir mal unsere Innenstadt. Also, das ist der Bäcker, bei .... ich immer frühstücke,
bevor ich zur Arbeit gehe. Aber sag's nicht meiner Frau, ich soll doch abnehmen.

b Jetzt sag ich dir mal was: Die Jacke, ... du so liebst und jeden Morgen anziehst,
die muss gereinigt werden.

c Du, ich glaub's nicht, da ist wieder der Hund, ... mich gestern gebissen hat. Ruf sofort die Polizei an.

d Gib dem bloß nichts. Das ist der Straßenmusikant, ... mehr Geld auf dem Konto hat als wir beide
zusammen und über .... gestern ein langer Artikel in der Zeitung stand.

C Willkommen bei unserem Straßenfest

C1 Sehen Sie sich das Foto an und lesen Sie den Text.
Worum geht es? Was meinen Sie? Sprechen Sie im Kurs.

Haben Sie überhaupt eine Genehmigung?

Liebe Anwohner der Luisenstraße,

haben wir Sie in den letzten Monaten ein
wenig geärgert?
Waren unsere Feste zu laut, sind wir abends
noch zu spät im Hof gewesen?
Das tut uns leid. Deshalb möchten wir Sie zu
unserem Straßenfest einladen.

Wann? Am 16. Juli von 14 bis 22 Uhr.
(Bei Regen am 23. Juli.)

Wo? Hier in unserer Luisenstraße. Was erwartet Sie?
– Ein Flohmarkt.
– Eine große Auswahl an typischen Speisen, aber natürlich
  auch Bratwürste und Hamburger.
– Frische selbst gemachte Kuchen zu Tee und Kaffee.
– Selbst gemachte Erfrischungsgetränke wie Limonaden und
  Sommerbowlen (alkoholfrei); Mineralwasser.
  Andere Getränke bitte selber mitbringen oder in der Kneipe kaufen.
– Für die Kinder: ein Kasperletheater, ein Clown, ein Zauberer;
  besonders interessant: Kreis- und Gruppenspiele aus aller Welt.
– Ab 18 Uhr Livemusik mit unseren Studentenbands.
  Wir laden ein zum Tanz.

Lernen Sie uns, Studentinnen und Studenten, Stipendiatinnen
und Stipendiaten aus der ganzen Welt kennen.

Ihre AG-Straßenfest, Studentenwohnheim an der Luisenstraße

* AG = Arbeitsgruppe

C2 Was kann ich für Sie tun? Ein Gespräch im Rathaus.

a Lesen Sie noch einmal die Einladung in C1.
2.5 Hören Sie dann das Gespräch und unterstreichen Sie alle
Programmpunkte in der Einladung, die im Gespräch genannt werden.
Zwei fehlen. Vergleichen Sie im Kurs.

Ja, **bitte**, nehmen
Sie Platz.
Wissen Sie, viele
haben **einfach**
auch nur Vorurteile.
GRAMMATIK 16, 17

AB 14–17

WORTSCHATZ 14–15

b Lesen Sie die Aussagen. Haben Sie das im Text gehört?
2.5 Ja oder nein? Hören Sie den Text noch einmal und kreuzen Sie an.

ja nein

1 Die Studenten können keine Genehmigung für das Straßenfest bekommen,
  sie haben den Termin versäumt.
2 Viele Anwohner der Luisenstraße haben Vorurteile gegen die Studenten.
3 Zu wenige Anwohner haben unterschrieben, dass sie für ein Straßenfest sind.
4 Die Studenten wollen alle Speisen und Getränke selbst machen.
5 Die Studenten brauchen noch eine weitere Genehmigung, weil sie
  alkoholische Getränke verkaufen wollen.
6 Es gibt ein großes Programm für Kinder.
7 Die Studenten dürfen aber keinen Flohmarkt veranstalten.
8 Die Studenten dürfen Musik machen, aber nur bis zehn Uhr abends.
9 Die Studenten müssen für die Straßenbenutzung Miete zahlen.
10 Die Beamtin hat keine Lust, auf das Fest zu kommen.

c Lesen Sie jetzt Auszüge aus dem Gespräch auf Seite 98 und lösen Sie dazu die Aufgaben.

C3 Bilden Sie Gruppen. Planen Sie gemeinsam ein Fest. Holen Sie sich
dann eine Genehmigung. Gehen Sie vor wie im Folgenden beschrieben.

AB 18   SÄTZE BAUEN 18

1 Was für ein Fest wollen Sie planen? Einigen Sie sich in der Gruppe.
Kurs-/Klassenfest ⬜ ■ Schul-/Institutsfest ⬜ ■ Hoffest auf dem Instituts-/Schulhof ⬜
2 Wann soll das Fest sein? Was wird angeboten? Gibt es ein Programm? Einigen Sie sich in der Gruppe.
3 Bitten Sie den Schul-/Institutsleiter um die Erlaubnis. Wenn Sie ihn nicht fragen können, sprechen Sie
mit Ihrer Kursleiterin / Ihrem Kursleiter. Oder eine Person aus dem Kurs übernimmt die Rolle.

Die Wendungen und Ausdrücke aus C2a Seite 60 helfen Ihnen.

Fokus Grammatik: Aufforderungen

1 Hören und lesen Sie die folgenden Szenen.
Achten Sie dabei auch auf die markierten Stellen.

2.6 **A** Bei der Führerscheinprüfung

Na, dann fahren Sie mal los, dann sehen wir ja, was Sie können. So, jetzt fahren Sie bitte links. Stopp. Haben Sie nicht gesehen, das ist eine Einbahnstraße! Na, dann fahren Sie mal weiter. Bitte in den Kreisverkehr hinein. – Mein Gott, das war knapp. Sagen Sie nicht, Sie haben das Auto nicht gesehen. Das gibt es doch nicht. An der zweiten Ausfahrt rausfahren und gleich links abbiegen. Okay, das war die dritte, egal, fahren Sie dann bitte bis zur nächsten Parklücke und parken Sie ein. Stopp, aufhören. Das kann doch nicht wahr sein. Sie haben fast das Auto beschädigt. Hatten Sie überhaupt Fahrstunden? – *Ähm, ich habe meine Brille vergessen. Ich kann fast nichts sehen.* – Das ist mir egal: Sie nehmen noch zehn Fahrstunden und dann melden Sie sich wieder zur Prüfung an, von mir aus mit Brille.

2.7 **B** Entspannungstraining

Wir stellen uns hin. Rücken gerade, Kopf direkt über dem Körper. Wir entspannen unsere Arme. Und wir atmen ganz langsam aus. Und ziehen dabei Brust und Bauch ein. Wir atmen ganz aus. Unsere Lunge wird ganz leer. Nun atmen wir ein. Brust und Bauch raus. Wir halten die Luft an und zählen bis fünfzehn. Und atmen wieder aus, langsamer, als wir eingeatmet haben. So, und nun das Ganze noch einmal von vorn.

2.8 **C** Im Tanzkurs

Liebe Tanzinteressierte, guten Abend allerseits. Ich begrüße Sie zu unserem dritten Abend. Auf dem Programm steht heute der langsame Walzer. Ich zeige Ihnen zuerst einmal den Grundschritt. Im langsamen Walzer beginnt die Dame. Sie macht mit dem linken Fuß einen Schritt rückwärts. Sie setzt den rechten Fuß zur Seite und schließt den linken Fuß zum rechten. Dann geht sie mit dem rechten Fuß nach vorn, geht mit dem linken Fuß zur Seite und schließt den rechten Fuß zum linken. So, jetzt machen wir das mal alle gemeinsam. Links rück, zur Seite, schließen. Rechts vor, zur Seite, schließen. Und weiter links rück, zur Seite, schließen, rechts vor, zur Seite, schließen

2.9 **D** Im Büro

△ Frau Meier, könnten Sie uns bitte einen Kaffee machen?
● Ihr Kaffee, Herr Schulte. △ Ah ja, danke, Frau Meier. Wir brauchten dann noch die Verkaufszahlen der letzten zehn Monate. ● Bringe ich sofort, Herr Schulte. △ Und den Plan fürs nächste Quartal. ● So, das wären die Unterlagen: Hier die Verkaufsstatistik, hier unsere Planung für die kommenden drei Monate. △ Würden Sie uns vielleicht noch einen Tisch reservieren? Für vier Personen, Herr Kaufmann vom Export kommt auch mit. ● Darf's auch im Burggasthof sein? Sie wissen, das Restaurant Rosario hat heute Ruhetag. △ Ja. Für halb zwei bitte.

2 a Welche Aufforderungsformen haben Sie in welchen Texten gefunden? Ordnen Sie zu.

Imperativformen: Text .... Hauptsatz als Aufforderung: Text ....

Aufforderung mit kurzen Wörtern und Infinitiven: Text ....

Konjunktiv-II-Formen: Text ....

b Wie würden Sie die markierten Sätze in Ihrer Muttersprache formulieren?

D Wir brauchen Sie!

LESEN
SCHREIBEN

D1 Für welche der Personen (1–6) finden Sie hier eine passende Anzeige (A–E)?
(Eine Person passt nicht.) Lesen Sie die Wünsche und ordnen Sie zu.

A

„Sie wollen Ihre Wohnung renovieren, ziehen in ein neues Haus, haben Probleme mit der Heizung, Sie suchen zuverlässige Handwerker? „Kein-Problem" ist sofort zur Stelle." Das ist unsere Betriebsphilosophie. Und weil wir so erfolgreich sind, brauchen wir noch Unterstützung in unserem Büro: E-Mails schreiben, Termine organisieren, unsere Adressen verwalten und Rechnungen schreiben.

Bewerben Sie sich bei uns.
E-Mail-Adresse: info@kein-Problem.com.

B

Wir suchen für die Sommermonate Hilfe bei der Betreuung unserer internationalen Gäste in unserem Kongresszentrum.

Sie haben keine Angst vor Kontakten mit internationalem Publikum, sind neugierig und flexibel, wollen Ihre Fremdsprachenkenntnisse ausprobieren und sind freundlich und aufgeschlossen?

Dann bewerben Sie sich bitte bei uns unter personalabteilung@kongresszentrum.org.

C

Es ist nur zu verständlich, dass viele alte Menschen und Kranke lieber weiterhin in ihrem gewohnten Zuhause leben möchten. Wir helfen ihnen dabei. Unser ambulanter Pflegedienst sucht Altenpfleger und Pflegehilfskräfte, gern auch Personen, die ein freiwilliges soziales Jahr machen möchten.

Ungelernte Kräfte bekommen von uns eine kostenlose Grundausbildung.

Schicken Sie Ihre Bewerbung an
info@miteinander-leben.com

D

Wir suchen ab sofort noch fleißige MitarbeiterInnen für unsere Selbstbedienungs-Restaurants. Auch stundenweise. Zu Ihren Aufgaben zählen: Besteck abtrocknen, Geschirr abräumen, abwaschen und andere Küchenarbeiten sowie die Getränkeausgabe.

Ihnen macht Arbeiten in einem jungen Team Spaß, Sie sind Stress gewohnt und übernehmen gern Verantwortung.

Dann freuen wir uns darauf, Sie kennenzulernen!
Bewerbungen unter job@sb-restaurant-maier.com

E

Wir suchen für die Sommermonate Unterstützung für unsere Versandabteilung. Verpacken von Mützen, Handschuhen und leichter Winterkleidung in Kartons. Arbeitszeit von sechs Uhr morgens bis zwölf Uhr mittags.
sommerjob@Winterkleidung.de

1 ☐ Ab 1. Januar habe ich eine feste Stelle. Bis dahin möchte ich die nächsten Monate einfach Geld verdienen. In einem Lager oder in einem Restaurant. Egal, Hauptsache, mit anderen Menschen zusammenarbeiten.

2 ☐ Ich möchte in den Sommerferien ein bisschen Geld dazuverdienen. Ich kann aber nur vormittags, weil ich nachmittags an der Universität meine Versuche machen muss. Ich schreibe gerade meine Doktorarbeit in Chemie.

3 ☐ Ich möchte gern ein freiwilliges soziales Jahr machen, bevor ich mit dem Studium anfange. Ich möchte gern alten Menschen helfen.

4 ☐ Ich übernehme gern alle Post- und Bank- sowie andere Botengänge: Geld einzahlen, Geld abheben, Briefe und Päckchen/Pakete aufgeben, Einschreiben abholen. Kurierdienste.

5 ☐ Ich bin Übersetzerin und suche einen Job als Standpersonal am Messestand, Betreuerin für Kongresse und Veranstaltungen.

6 ☐ Ich bin behindert (Rollstuhlfahrer) und kann deshalb nur im Büro arbeiten. Ich kann gut mit Computern umgehen. Ich beherrsche alle wichtigen Softwareprogramme. Ich suche eine entsprechende Stelle.

AB 19–21 →

WORTSCHATZ 19
SÄTZE BAUEN 20
TEXTE BAUEN 21

D2 Sie möchten sich für eine der oben genannten Stellen bewerben.
Schreiben Sie eine Bewerbungs-E-Mail an das Unternehmen.
(Sie können auch im Namen einer Person aus D1b schreiben.)

Sehr geehrte Damen und Herren, hiermit möchte ich mich …

58 Also gut, geht in Ordnung | LEKTION ❺

Tut mir leid, ehrlich!

E1 **a** Wie würden Sie reagieren, wenn Sie folgende SMS bekommen würden?

> Hab dein
> Fahrrad kaputt
> gefahren. Tut
> mir sooo leid!

1 ☐ Ich bin wirklich sauer.
2 ☐ Ich bleibe ruhig.
3 ☐ Es ist mir egal.

b Welche der folgenden Wendungen und Ausdrücke passen zu Ihrer Reaktion?
Wählen Sie aus.

1 ☐ Das macht doch nichts. ▪ 2 ☐ Das ist doch nicht so schlimm. ▪
3 ☐ Hauptsache, dir ist nichts passiert. ▪ 4 ☐ Aber das spielt doch keine Rolle. ▪
5 ☐ Beruhige dich, das kann doch jedem mal passieren. ▪ 6 ☐ Warum hast
du nicht besser aufgepasst? ▪ 7 ☐ Das ist ja furchtbar!! ▪ 8 ☐ Das kostet
bestimmt eine Menge Geld. ▪ 9 ☐ Wir werden sehen, was wir da machen. ▪
10 ☐ Oje, mein schönes Fahrrad. ▪ 11 ☐ Du machst wirklich alles kaputt. ▪
12 ☐ Übrigens habe ich sowieso ein neues Fahrrad. ▪ 13 ☐ Du kannst damit
machen, was du willst. ▪ 14 ☐ Von mir aus kannst du es entsorgen*.

* Bei einer Stelle abgeben, die Müll annimmt, der groß usw. ist.

AB 22–24

Das macht **doch** nichts.
GRAMMATIK 22

SÄTZE BAUEN 23
TEXTE BAUEN 24

E2 Was würden Sie anbieten, wenn Sie das Fahrrad kaputt gemacht hätten?
Entscheiden Sie sich.

Fahrrad zur Reparatur bringen ☐ ▪ neues Fahrrad kaufen ☐ ▪ Reparatur bezahlen ☐ ▪
ein Geschenk machen ☐ ▪ das Fahrrad abkaufen ☐ ▪ das Fahrrad verkaufen ☐ ...

E3 Rollenspiel: Arbeiten Sie zu zweit. Wählen Sie eine der beiden Rollen.
Lesen Sie Ihre Rollenkarte. Führen Sie dann das Gespräch.

Rolle **A** Sie haben das Fahrrad kaputt gemacht.

Sagen Sie, dass Sie das Fahrrad kaputt gemacht haben.
Entschuldigen Sie sich.
Sagen Sie, wie Sie den Schaden wiedergutmachen möchten.
Einigen Sie sich.

Rolle **B** Ihnen gehört das Fahrrad.

Reagieren Sie auf die Nachricht.
Nehmen Sie die Entschuldigung an.
Reagieren Sie auf das Angebot.
Einigen Sie sich.

jemanden beauftragen (→A1)

Guten Tag, hier ... ■ Der TÜV / ... wird / ist wieder fällig. ■ Also, überprüfen Sie den Wagen genau / ... ■ Ich möchte nicht zu viel / ... ausgeben. ■ Wann kann ich (den Wagen abholen / ...)? ■ Sie rufen mich sicherlich an, wenn ...?

sich beschweren (→A3)

Sie müssen mich doch anrufen, bevor Sie ... ■ Ich hätte nicht gedacht, dass ... ■ Ich hab mir das ganz anders vorgestellt ... ■ Das ist wirklich sehr ärgerlich. ■ Ich bin wirklich sehr enttäuscht. ■ Es ist wirklich zu dumm ... ■ Ich muss Ihnen leider sagen, dass ... ■ ... hat mich doch sehr enttäuscht.

argumentieren und sich einigen (→A5)

So etwas kann man doch nicht machen. ■ Ich bin nicht bereit, ... ■ Da haben Sie mich missverstanden. ■ Tut mir (sehr) leid. ■ Na gut, das stimmt schon, aber ... ■ Sie haben den Auftrag schriftlich bestätigt. ■ Sie müssen aber auch daran denken, dass ... ■ Vielleicht können wir ja ... ■ Wir finden sicher eine Lösung. ■ Wie wär's denn mit folgendem Vorschlag: ... ■ Weil das Ganze ein Missverständnis war, schlage ich vor, dass ...

eine Genehmigung beantragen (→C2a)

Guten Tag, ich bin ... ■ Wir möchten ein Straßenfest / ... machen. Und ich habe gehört, da brauchen wir eine Genehmigung. ■ Wir wollen da Musik machen / Essen verkaufen / Kuchen anbieten / ... ■ Und, bekommen wir die Genehmigung? ■ Vielen Dank.

auf einen Antrag reagieren (→C2a)

Ja, bitte, nehmen Sie Platz. Worum geht's? ■ Genau, da brauchen Sie eine Genehmigung / ... ■ Sie müssen die Genehmigung drei Wochen vor dem Termin / ... haben. ■ Also, wann soll denn das Straßenfest / ... stattfinden? ■ Was haben Sie denn so vor? ■ Gut, und sonst nichts, kein Programm? ■ Bis wann ...? ■ Sonst müssen Sie Strafe zahlen, bis zu ... Euro. ■ Also, ich drucke Ihnen ein Formular aus. Das Datum usw. habe ich schon eingetragen. ■ Füllen Sie bitte alles genau aus und bringen Sie mir das Formular zurück. ■ Sie bekommen dann in ein paar Tagen die Genehmigung. ■ Das Geld überweisen Sie bitte auf das angegebene Konto. ■ So, hier ist Ihr Formular, legen Sie es dann unterschrieben da auf den Tisch / schicken Sie es unterschrieben zurück

auf eine unangenehme Nachricht reagieren (→E1)

Das macht doch nichts. ■ Das ist doch nicht so schlimm. Hauptsache, dir ist nichts passiert. ■ Aber das spielt doch keine Rolle. ■ Beruhige dich, das kann doch jedem mal passieren. ■ Warum hast du nicht besser aufgepasst? ■ Das ist ja furchtbar! ■ Das kostet bestimmt eine Menge Geld. ■ Wir werden sehen, was wir da machen. ■ Oje, me schönes Fahrrad / .... ■ Du machst wirklich alles kaputt. Übrigens habe ich sowieso ein neues Fahrrad. ■ Du kannst damit machen, was du willst. ■ Von mir aus kannst du es entsorgen.

Grammatik   Also gut, geht in Ordnung

Relativpronomen und Relativsatz

Ich kenne einen Online-Anbieter,
der sehr gut ist. (Nominativ)
den alle gut finden. (Akkusativ)
dem ich vertraue. (Dativ)

bei **dem** ich regelmäßig einkaufe.

wo du wirklich alles findest.

Der Kasus richtet sich nach dem Verb im Relativsatz. Im Relativsatz steht das Pronomen am Satzanfang und das Verb am Satzende.

Verb mit Präposition: Kasus folgt der Präposition

allgemein für Ort; synonym für an dem / in der / ...

Aufforderung

Fahren Sie *mal* los.   mit Imperativ
Wir stellen uns hin.   mit Hauptsatz
Könnten Sie uns bitte einen Kaffee machen?   mit Konjunktiv II
Links rück, zur Seite, schließen.   mit kurzen Wörtern / mit Infinitiv

Partikeln: *bitte, doch, einfach*

Setzen Sie sich doch.   verstärkt eine Aufforderung / Aussage
Rufen Sie mich bitte an.   macht eine Aufforderung höflicher / schwächer
Das funktioniert einfach nicht.   es ist so, man kann es nicht ändern

6 Gefällt mir

1 Machen Sie sich Ihre eigene Tasse. Haben Sie Ideen? Seien Sie kreativ.

– Was mögen Sie besonders gern?

Land ■ Stadt ■ Hobby ■ eine Person ■ Getränk / Speise ■
Beruf ■ Comicfigur ■ Internetseite ■ Computerspiel ■ ...

– Welche Tassenform (1, 2, 3 oder 4) gefällt Ihnen am besten?
– Welches Symbol wählen Sie für Ihre Tasse?

1

2

3

4

2 Zeichnen Sie Ihre Tasse an die Tafel.
Erzählen Sie, was Ihnen an Ihrer „Sache" so gut gefällt.

Lernziele:

→ Gefallen / Nichtgefallen ausdrücken
→ etwas benennen, definieren, identifizieren
→ einer Idee / Meinung / einem Kompromiss zustimmen
→ widersprechen / etwas ablehnen
→ die eigene Meinung äußern
→ sich auf etwas einigen

Textsorten:

Briefe ■
Informationen ■
Meinungen ■
Radiogespräch

Grammatik:

entweder ... oder ■
sowohl ... als auch ■
Ortsangaben ■
Verben mit Dativ /
Akkusativ (Passiv)

A Post aus dem Urlaub

A1 **a** Lesen Sie die drei Urlaubsgrüße.
Wer hat welchen Text geschrieben? Ordnen Sie die Unterschriften zu.

1 Deine Leona (Tochter in der Familie) **2** Deine Ulli (Mutter in der Familie) **3** Euer Jörg (Vater in der Familie)

A Hallo, liebe Sportsfreunde daheim,

ich sag's Euch: ein Traum. Ich liebe ja die Gegend hier, und wenn man dann auch noch durch Täler wandern, Mountainbike im Gebirge fahren, klettern und auf Berge steigen kann, dann ist der Urlaub perfekt. Das Klima ist total angenehm, frühmorgens ein bisschen Nebel, dann steigen die Temperaturen. Abends wird's wieder angenehm kühl, dazu ein Bierchen. Urlaubsgefühl pur. Lasst Ihr Euch nur schön in der Sonne braten. ....

B *Liebe Nicole,*

es ist sooo schöön hier. Hier gibt es einen Hund. Der ist ganz lieb, der beißt überhaupt nicht. Man darf ihn streicheln. Am süßesten sind die kleinen Katzen. Ich möchte so gern eine mit nach Hause nehmen. Aber Mama will das nicht. Ich darf manchmal reiten, das braune Pferd mag ich lieber, das heißt Floi. Das weiße ist ein bisschen zu wild für mich. Die kleinen Schweinchen sind so süß, wenn sie fressen. Die Rinder sind auch nachts auf den Wiesen, die lieben das frische Gras. Sie haben überhaupt keine Angst. Nur im Winter kommen sie in den Stall, wenn's draußen friert. Gestern war ich bei den Kühen auf der Weide, als ein Gewitter kam, mit Blitz und Donner. Ich fand das toll, aber Mama hat danach ein totales Theater gemacht, weil das gefährlich ist. Nächste Woche bin ich wieder zu Hause, ...

PS: Das Essen hier auf der Alm ist super! (Mama schmeckt's nicht.)

C *Liebe Moni,*

ich sag's Dir, das war mein letzter Urlaub in den Bergen! Ausschlafen? Vergiss es! Die Glocken der Kühe auf der Weide wecken Dich. Eiskaltes Quellwasser zum Duschen! Nachts wird es total kalt, hab schon lange nicht mehr so gefroren. Mittags steigen dann die Temperaturen, dann brennt die Sonne. Wandern? Klettern? Ich habe viel zu viel Angst, die Berge sind zu steil. Und wir wollten ja den Leuten hier ein wenig helfen. Weißt Du, was das heißt? Das Vieh im Stall füttern. Der Schweinestall stinkt ganz furchtbar. In der Sonne liegen? Manchmal, wenn die Wiesen nicht zu feucht sind. Abends? Fenster zumachen, weil die Fliegen und Mücken sonst reinkommen. Draußen sitzen? Wenn's einen nicht stört, dass die Insekten stechen. Blumenwiesen? Auf der Postkarte kannst Du sehen, was für wunderschöne Blüten sie hier haben, wenn sie blühen. Aber nicht im August. Vergiss nicht, meine Blumen zu gießen. Nächstes Jahr fahre ich mit Leona ans Meer!! Da schmeckt mir auch das Essen besser als hier. ....

b Lesen Sie die Texte noch einmal.
Was finden die Urlauber positiv? Was negativ?
Markieren Sie die Stellen und notieren Sie die Informationen in der Tabelle.

positiv	negativ

im **Gebirge**
Mountainbike *fahren*
ans Meer *fahren,*
draußen *sein*
GRAMMATIK 4, 5

AB 1–6

WORTSCHATZ 1–3
TEXTE BAUEN 6

A2

Ulli verbringt ihren nächsten Urlaub mit Leona am Meer.
Sie schreibt an Ihre Freundin Moni. Schreiben Sie Ullis Urlaubsbrief (ich-Form).

viel Sonne ▪ super Wetter ▪ Lieblingsstelle mit zwei Strandkörben ▪ tolles Hotel mit gutem Frühstück ▪ in der Sonne liegen ▪ viel lesen ▪ am Strand spazieren gehen ▪ abends nett essen gehen ▪ leichter Wind bläst ▪ im Sand spielen ▪ nach Dänemark fahren (ganz nah) ▪ neben dem Hotel an der Ecke eine super Eisdiele (Bioeis) ▪ überall Strandcafés ▪ ein wilder Sturm ▪ nicht schwitzen und nicht frieren ▪ ...

A3 **a**

Rollenspiel: Ulli, Leona und Jörg – drei Meinungen

Vor dem Gespräch

1 Bilden Sie Dreiergruppen.
2 Ihre Aufgabe ist es, sich darüber zu einigen, ob Sie Ihren nächsten Sommerurlaub am Meer oder in den Bergen verbringen werden. Sie haben drei Wochen Urlaub.
3 Übernehmen Sie eine der Rollen, die anderen Gruppenmitglieder übernehmen die beiden anderen Rollen.

Rolle	A	Jörg: Sie möchten in die Berge.
Rolle	B	Ulli: Sie möchten ans Meer.
Rolle	C	Leona: Ihnen ist es eigentlich egal, Sie finden es sowohl in den Bergen als auch am Meer schön.

AB 7–10

Entweder am Meer **oder** in den Bergen. Sie finden es **sowohl** in den Bergen **als auch** am Meer schön.
GRAMMATIK 7, 8

SÄTZE BAUEN 9
TEXTE BAUEN 10

b **Das Gespräch**

4 Sprechen Sie darüber, welche Erfahrungen Sie (in Ihrer Rolle) gemacht haben (siehe A1b, A2). Die folgenden Wendungen und Ausdrücke helfen Ihnen.

... hat mir in den Bergen gut gefallen / nicht gefallen ▪ ... Ich habe genug davon. ▪ Ich fand den Urlaub am Meer / in den Bergen sehr angenehm / schön / anstrengend (, weil ...). ▪ Der Urlaub ... ist mir in guter / schlechter Erinnerung geblieben (, weil ...). ▪ Der Urlaub ... hat mich enttäuscht (, weil ...).

5 Sagen Sie, wohin Sie im Urlaub fahren möchten, und sagen Sie auch, warum. Die folgenden Wendungen und Ausdrücke helfen Ihnen.

Ich möchte unbedingt wieder ... ▪ Mir ist das eigentlich egal, ich finde es sowohl in den Bergen als auch am Meer schön. ... ▪ Ich bin mir unsicher, ob ... ▪ Ich habe keine Lust (mehr), ... (zu fahren / ...).

6 Einigen Sie sich. Welche Lösung haben Sie gefunden?

Wir könnten doch ... ▪ Wie wäre es, wenn ... ▪ Lasst uns doch ... ▪ Nein, das möchte ich wirklich nicht. ▪ Also, das kommt für mich nicht in Frage. ▪ Das können wir schon, obwohl ... ▪ Ihr könnt ja dahin fahren, da komme / mache ich aber nicht mit. / (Dann mache ich etwas anderes.) Ja, das ist eine gute Idee. ▪ Das wäre auch möglich, stimmt. ▪ Das finde ich eine gute / ... Idee. ▪ So machen wir das. ▪ Ja, das ist doch viel besser, als ... ▪ Gut, dann ... ▪ Einverstanden! ▪ In Ordnung. ▪ ...

c **Nach dem Gespräch**
Erzählen Sie im Kurs, was Sie beschlossen haben. Sagen Sie auch, warum.

Die Frage war, ob wir entweder ans Meer oder in die Berge fahren. ▪ Wir haben viel darüber diskutiert. ▪ ... war dafür, dass ... ▪ ... hatte/n dann die Idee, ... ▪ Dann / Deshalb haben wir beschlossen, ... zu fahren. ▪ Unsere Idee ist (deshalb), zuerst / dann / diesen Sommer / dieses Jahr / die ersten zwei Wochen / ... und dann ... ▪ Wir fahren zuerst zusammen ..., dann fährt/fahren ... und ... ▪ ...

B Wohnen spezial – der neue Trend

a Betrachten Sie die Möbelstücke. Was sind das für Möbelstücke?
Aus welchem Material wurden sie gemacht? Arbeiten Sie zu zweit.

Sessel ▪ Vase ▪ Lampe ▪ Stuhl ▪ Hocker ▪ Teppich ▪ Tisch ▪ Kommode ▪ Regal

> A ist ein Sessel
> aus CDs.

CDs ▪ Teppichreste ▪ alte Reifen ▪ Zeitschriften ▪ Leder ▪ alte Schubladen ▪ Altpapier ▪
Altglas (Flaschen) ▪ Kunststoff / Plastik ▪ Holzreste ▪ Beton ▪ Wollreste ▪ Konservendosen ▪
alte Bücher ▪ alte Weihnachtsbäume ▪ alte Stuhllehnen ▪ alte Kisten ▪ alte Kleidungsstücke

A / … ist ein / eine … aus ▪ … ist aus … ▪ … wurde aus … gemacht

A

B

C

D

E
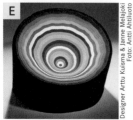

Designer Arttu Kuisma & Janne Melajoki Foto: Antti Ahtiluoto

F

G

H

I

J

K

L
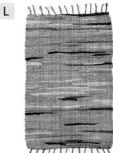

M

… **wurde aus**
CDs gemacht.
GRAMMATIK 13

AB 11–13

WORTSCHATZ 11, 12
SÄTZE BAUEN X-X

b Gefallen Ihnen die Möbelstücke? Würden Sie sie in Ihre Wohnung stellen?
Sprechen Sie in Kleingruppen.

Mir gefällt … aus CDs / …, den / … würde ich mir sofort ins Zimmer stellen. ▪
So ein / eine / einen aus / mit … würde ich mir nie ins Zimmer stellen / legen. ▪
Der / Das / Die ist mir viel zu … ▪ Ein / e … aus … gefällt mir (überhaupt) nicht. ▪
Ein / Eine / Einen … aus … würde ich mir nie in die Wohnung / ins Zimmer hängen / stellen / legen. ▪
Das ist doch Abfall. ▪ Das sind doch …, daraus kann man doch keine Möbel machen.

2.10

1 Ortsangaben mit Präpositionen – Antworten auf die Fragen *wo* und *wohin*

a Hören Sie, was Rosa den Möbelpackern sagt.
Lesen Sie dann den Text und markieren Sie die Ortsangaben mit Präpositionen.

Guten Tag, wohin kommen die Möbel? – Oh, das ist ganz einfach. Sehen Sie, die neue Badewanne stellen Sie bitte ins Badezimmer, hinter die Toilette in die Ecke. Morgen wird sie eingebaut. Der Stuhl, der kommt neben das Waschbecken. Das Bett stellen Sie bitte ins große Zimmer an diese Wand hier, danke, dafür den Schreibtisch vor das Fenster im kleinen Zimmer, das ist das Arbeitszimmer. Die Regale, die kommen hier im Wohnzimmer zwischen die Kommode und den Fernseher. Super. Das kleine Tischchen, ach, einfach hinter den Sessel auf den Teppich. Danke. – Und das Foto? – Ach, Sascha. Warten Sie, vielleicht unter das Bett, nein, lieber hinter das Sofa, nein, wissen Sie was, lieber gleich in den Müll, der Typ geht mir nämlich ziemlich auf die Nerven.

b Sascha will alles genau wissen. Lesen Sie seine Fragen und Rosas Antworten.
Ergänzen Sie die Präpositionen und den Artikel. Vergleichen Sie dann im Kurs.

1 Und wo steht jetzt dein Bett? – .... kleinen Zimmer. Das wird mein Schlafzimmer. (in)

2 Und deine neue Badewanne? – Na ja, also gut, ... Bad, ... Badezimmerlampe. (in / unter)

3 Und die blauen Regale? – Eins .... Garderobe .... Schrank,
die anderen .... Wohnzimmer, ... linken Wand. (in / neben / in / an)

4 Und das kleine Tischchen aus Italien? – .... beiden Sesseln .... kleinen Teppich.
(zwischen / auf)

5 Die beiden Stühle? – Einer .... Fenster, der andere .... Schreibtisch. (vor / hinter)

6 Und das Foto von mir? – Hängt .... dem Sofa. (über)

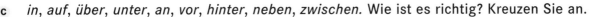

c *in, auf, über, unter, an, vor, hinter, neben, zwischen.* Wie ist es richtig? Kreuzen Sie an.

1 In Antworten auf die Frage *wo?* folgt nach diesen Präpositionen ☐ der Dativ ☐ der Akkusativ.

2 In Antworten auf die Frage *wohin?* folgt nach diesen Präpositionen ☐ der Dativ ☐ der Akkusativ.

2 Weitere Präpositionen. Lesen Sie die Sätze und ergänzen Sie. Achten Sie auf die Form.

wohin?: **zu**, **nach** (geografische Namen, ohne Artikel) ▪ woher?: **von**, **aus** ▪ wo?: **bei** (Personen) ▪ *durch*

1 Ah, Frau Meier, bisschen spät heute? – Tut mir leid, ich komme gerade .... Arzt. Das Telefon war immer besetzt, darum will ich nur schnell Bescheid sagen. Ich bin krank, hier ist die Bescheinigung. Ich hol nur noch ein paar Sachen .... meine........ Büro. Dann gehe ich *.nach.* Hause.

2 Mit geht's gar nicht gut. Ich war heute Morgen schon .... Arzt, der sagt, ich muss mich erholen. Jetzt bleibe ich halt drei Tage *zu.* Hause. Und am Freitag muss ich auch noch .... Zahnarzt, und dabei wollte ich am Wochenende doch .... Wien fahren. Und auf der Rückfahrt auch noch *.durch..das...* Helenental.

3 Woher kommt der Geruch? Ergänzen Sie die folgenden Vermutungen und
vergleichen Sie im Kurs. Es gibt manchmal mehrere Möglichkeiten.

draußen ▪ hinten ▪
unten ▪ oben

● Sag mal, riechst du das auch?

▲ 1 Ja, ich glaube, das kommt von da .... aus dem Arbeitszimmer.

● 2 Ich glaube, eher von .... , das Fenster ist doch offen.

▲ 3 Von da .... , aus der Küche im dritten Stock.

● 4 Quatsch, guck mal, das kommt von da .... , aus dem Erdgeschoss.
Das muss der Adventskranz sein. Der Rauch steigt doch nach ....

C Risiken erkennen – Gesundheit schützen

C1 a Lesen Sie den Text. Lesen Sie dann die Aufgaben.
Lesen Sie den Text noch einmal und lösen Sie die Aufgaben.
Kreuzen Sie jeweils die richtige/n Lösung/en an.

Das Europäische Parlament beschloss am 3. September mit einem neuen Gesetz, wie man giftige Stoffe kennzeichnen muss. Dies gilt für alle gefährlichen chemischen Produkte in der ganzen Europäischen Union (EU). Besonders wichtig dabei war, welche Gefahren für die Gesundheit der Verbraucher bestehen. Der Vorteil des neuen Gesetzes: Verbraucher wissen, welche Risiken bestehen, Ärzte wissen, wie sie im Notfall reagieren müssen. Die Symbole können noch zusätzliche Informationen enthalten, wie zum Beispiel: „Nur im Freien oder in gut belüfteten Räumen verwenden." Das bedeutet, man sollte diese Stoffe auf keinen Fall einatmen.

1 Es gibt ein neues Gesetz, um Menschen besser vor giftigen Produkten zu schützen. ☐ richtig ☐ falsch

2 Die Symbole müssen auf folgenden Produkten stehen:
   a ☐ auf allen chemischen Produkten, wie Waschmitteln, Putzmitteln usw.
   b ☐ nur auf Giften und ähnlichen chemischen Produkten.
   c ☐ nur auf chemischen Stoffen im Haushalt.

3 Welche Vorteile hat das?
   a ☐ Die Verbraucher wissen so, worauf sie bei den Stoffen achten müssen.
   b ☐ Die Ärzte wissen so, wie sie im Notfall reagieren müssen.
   c ☐ Die Verbraucher wissen so, was sie nicht kaufen dürfen.

b Sehen Sie sich die Symbole mit ihrer Bedeutung an.
Lesen Sie dann die kurzen Texte. Ordnen Sie die Symbole mit der Bedeutung den Texten zu.
Achten Sie dabei auf Schlüsselwörter. Vergleichen Sie dann mit den Lösungen auf Seite 92.

1 Tödliche Vergiftung   2 Schwerer Gesundheitsschaden, bei Kindern möglicherweise mit Todesfolge   3 Zerstörung von Haut oder Augen

4 Gesundheitsgefährdung   5 Gefährlich für Tiere und die Umwelt   6 Entzündet sich schnell

A ☐ Produkte können schwere Gesundheitsschäden verursachen. Dieses Symbol warnt vor einer Gefährdung der Schwangerschaft, einer krebserzeugenden Wirkung und ähnlich schweren Gesundheitsrisiken. Produkte sind mit Vorsicht zu benutzen. Für Kinder können diese Produkte lebensgefährlich sein.

B ☐ Produkte können selbst in kleinen Mengen auf der Haut, durch Einatmen oder Verschlucken[1] zu schweren oder gar tödlichen Vergiftungen führen. Die meisten dieser Produkte sind Verbrauchern nur eingeschränkt zugänglich[2]. Lassen Sie keinen direkten Kontakt zu.

[1] trinken oder essen [2] kann man nur mit Genehmigung kaufen

C ☐ Produkte können bereits nach kurzem Kontakt Hautflächen mit Narbenbildung schädigen[1] oder in den Augen zu dauerhaften Sehstörungen[2] führen. Schützen Sie beim Gebrauch Haut und Augen!

[1] Wunden, die nicht schön zuwachsen;
man kann die Stelle der Wunde später noch sehen
[2] man kann nicht mehr richtig sehen

D ☐ Produkte fangen in der Nähe von Hitze oder Flammen schnell zu brennen an. Sprays[1] mit dieser Kennzeichnung dürfen keineswegs auf heiße Oberflächen oder in der Nähe offener Flammen versprüht werden.

[1]

E   Produkte können in der Umwelt kurz- oder lang-
☐   fristig Schäden verursachen. Sie können kleine Tiere
(Wasserflöhe und Fische) töten oder auch länger-
fristig[1] in der Umwelt schädlich wirken. Keinesfalls
ins Abwasser[2] oder in den Hausmüll schütten!

[1] für lange Zeit   [2] schmutziges Wasser im Haushalt

F   Vor allem Gefahren, die in kleinen Mengen
☐   nicht zum Tod oder zu einem schweren Gesundheitsschaden führen, wird so gewarnt. Hierzu
gehört z. B. die Auslösung einer Allergie[1].

[1] Reaktion auf einen chemischen Stoff, er macht einen krank

c   Lesen Sie die folgenden Aussagen.
Zu welchen Texten passen sie? Ordnen Sie zu.

1 ☐ Spinnst du, jetzt
eine Kerze anzuzünden!
Warte, bis ich mit dem
Spraylack fertig bin!

2 ☐ Also, diese Farbe würde ich
nicht nehmen: Sie haben doch kleine
Kinder im Haus — und Ihre Frau
erwartet ein Kind. Hier, nehmen sie
die, die ist ganz ungefährlich.

3 ☐ Pass bloß auf!
Wenn du das in die
Augen bekommst,
musst du sofort ins
Krankenhaus!!

4 ☐ Wie sieht denn deine
Haut aus? Sag mal, was steht
denn auf dem Insektenspray,
das du gestern benutzt hast?
Vielleicht hast du eine
allergische Reaktion?

5 ☐ Tut mir leid, das
darf ich Ihnen nicht
verkaufen. Das ist ein
Spezialmittel und sehr
gefährlich. Sie brauchen
da eine amtliche
Genehmigung, damit Sie
das verwenden dürfen.

6 ☐ Wann realisieren die
Menschen endlich, dass man
keine Gifte ins Abwasser
schütten darf? Die Gifte
gehen dann doch in die Bäche
und Flüsse und töten alle
Wassertiere. Ich verstehe
das einfach nicht.

🔊 2.11

C2   Ihre Meinung ist gefragt!

AB 14–15   WORTSCHATZ 14
            SÄTZE BAUEN 15

a   Was sagen Leute auf der Straße dazu? Lesen Sie.
Hören Sie dann einige Reaktionen. Welche haben Sie gehört? Kreuzen Sie an.

Dass sich die Leute daran halten, ist nicht realistisch. ☐ ■ Gefährliche Stoffe dürfte man nicht in Geschäften
verkaufen. ☐ ■ Diese Kennzeichnung kann man auch verstehen, wenn man die Sprache nicht versteht. ☐ ■
Man müsste die Produktion von solchen Stoffen verbieten. ☐ ■ Damit kann man Unfälle verhindern. ☐ ■
Wirklich vernünftig, weil das jeder verstehen kann. ☐ ■ Nicht so gut, weil man die Symbole leicht verwechseln
kann. ☐ ■ Kinder verstehen die Symbole nicht. ☐ ■ Man sollte nur Mittel produzieren, die nicht gefährlich
sind. ☐ ■ Ein guter Versuch, das international zu regeln. Aber ob sich alle Länder daran halten werden? Das glaube
ich nicht. ☐ ■ Ich habe kein Vertrauen, dass Symbole helfen. Die Leute machen doch, was sie wollen. ☐ ■
Wem nutzt das, wenn so etwas draufsteht? ☐

b   Diskutieren Sie in Kleingruppen. Wie finden Sie die Kennzeichnung?
Und ist sie für Sie beim Einkauf nützlich? Die folgenden Wendungen und Ausdrücke helfen Ihnen.

Meinung sagen

Ich finde die Kennzeichnung korrekt, weil … ■ Ich weiß nicht genau. Ich … ■
Ich kann mir vorstellen, dass … ■ Ich denke / glaube schon, dass das gut ist, weil … ■
Ich bin mir unsicher, ich schaue eigentlich nie, ob … ■ Also, ich lese diese
Informationen nie. Mir ist das egal. ■ Es ist doch gut / besser, wenn man das weiß. ■
Ich werde jetzt nichts mehr ins Abwasser schütten / …

Ich finde das
eigentlich gut.
Aber ich …

zustimmen / widersprechen

Doch, da hast du recht. ■ Da bin ich deiner Meinung / anderer Meinung. ■
Das finde ich auch / nicht. ■ Da hast du völlig recht. ■ Ja, das ist möglich, (aber …) ■
Das werde ich auch / nicht (tun / machen). ■ Das glaube ich nicht. ■ …

Fokus Grammatik: Verben und ihre Ergänzungen

1 Der Nominativ folgt nach *sein, heißen, werden* und *bleiben*. Was passt? Ergänzen Sie.

deine Mutter ▪ Lehrer ▪ Julius Müller ▪ Maurer (Beruf)

a Ich heiße ....

b Ich bin ....

c Mein Sohn wird ....

d Ich bin und ich bleibe .... , auch wenn du achtzehn bist.

2 *Wen?* oder *Was?* Der Akkusativ folgt nach vielen Verben. Zum Beispiel: *essen, trinken, mögen, lesen, nehmen, kaufen, abholen, hören, sehen, fühlen, anrufen.* Ergänzen Sie die Sätze. Achten Sie auf die korrekte Form von Nomen und Artikel (wo nötig). Korrigieren Sie zu zweit Ihre Lösungen.

a Ich mag *den Hund* .... von unseren Nachbarn einfach nicht. Er ist unsympathisch. [Hund (m)]

b Ich trinke nur .... – ich trinke keinen Alkohol. [Limonade (f)]

c Ich soll .... hier lesen. Aber ich habe keine Lust. [Buch (n)]

d Also, ich glaube, ich esse heute Abend .... hier von der Tageskarte. [Schnitzel (n)]

e Bitte, nimm .... zum Nachtisch, dann kann ich die Hälfte essen. [Eisbecher (m)]

f Kauf lieber .... Du hast immer so viel Gepäck. [zwei Koffer (m/Pl.)]

g Otto, die Bücherei hat angerufen. Du kannst .... abholen. [deine Bücher (n/Pl.)]

h Hörst du .... ? Vielleicht ist das ein Dieb? [Geräusch (n)]

i Hast du gestern .... gesehen? [Fußballspiel (n)]

j Spürst du auch plötzlich .... ? [dieser kalte Wind (m)]

k Sag bloß, du hast gestern .... nicht angerufen. [dein Chef (m)]

3 *Wem?* Nicht so viele Verben haben den Dativ. Diese sollten Sie lernen: *antworten, danken, gratulieren, gehören, helfen, folgen, leidtun ...* Ergänzen Sie jeweils die korrekte Form des Nomens mit Artikel und des Personalpronomens. Korrigieren Sie zu zweit Ihre Lösungen.

a So, und jetzt ist es Zeit, dass wir *unserer Chefin* .... / *ihr* .... gratulieren. [unsere Chefin / sie]

b Ich weiß gar nicht, wie ich .... / .... danken soll. [meine Kollegen / sie (Pl.)]

c Tut mir leid: .... / .... antworte ich nicht. [der Polizist / der]

d Der Ball? Ich glaube, der gehört .... / .... [der Junge / er]

e Entschuldigen Sie, können Sie .... / .... helfen? [die Frau / sie]

f Schnell, fahren Sie los und folgen Sie .... / .... [der Dieb / er]

4 *Wem? Was?* Es gibt Verben, die können sowohl den Dativ als auch den Akkusativ haben: *schenken, geben, erzählen, bringen, empfehlen.* Antworten Sie auf die Fragen.

a Wem schenken Sie zum Geburtstag ein Buch? – .... [mein Großvater (m)]

b Sag mal, wem hast du mein Eis gegeben? – .... [das Nachbarskind (n)]

c Du willst diese Geschichte wirklich erzählen? – Ja, und zwar .... [die ganze Familie]

d Wem soll ich eigentlich das Buch geben? – Wem wohl? .... es gehört. [der]

e Können Sie .... ein Medikament gegen Halsschmerzen empfehlen? [ich]

5 Sie kennen auch Verben mit Präpositionen. Schreiben Sie Beispielsätze.

sich interessieren für ▪ für ... sein ▪ gegen ... sein ▪ sich ärgern über ▪ achten auf

D1 **a** Welche der Geräte sind eigentlich kleine Computer (oder enthalten einen)?
Was glauben Sie? Sprechen Sie im Kurs.

Handy   Hörgerät   Uhr   Navigationsgerät   Auto   Sport-pulsmesser   Waschmaschine

Beantworten Sie die folgenden Fragen.

1 Wo nutzen Sie Ihren Computer (1) / Ihren Laptop (2) / Ihr Netbook (3) / Ihr Tablet (4) / Ihr Smart-Phone (5)?
Ordnen Sie zu.

im Beruf	im Studium	in der Ausbildung	privat

2 Wozu nutzen Sie Ihr Gerät? Ergänzen Sie die Tabelle aus 1 auf einem Blatt.

mailen ◾ recherchieren ◾ surfen ◾ Ideen entwickeln ◾ schreiben ◾ Zeitung / Zeitschriften lesen ◾ spielen ◾ mit anderen kommunizieren (Facebook usw.) ◾ Bücher speichern / lesen ◾ telefonieren ◾ Besprechungen einkaufen ◾ jemandem etwas verkaufen ◾ Fotos speichern ◾ Musik speichern / hören ◾ Hörbücher speichern / hören ◾ Filme speichern / ansehen ◾ Filme machen ◾ Musik machen ◾ fernsehen ◾ Radio hören ◾ zeichnen / malen ◾ twittern

b Analysieren Sie Ihre Tabelle. Wo und wozu nutzen Sie
Ihre Geräte am häufigsten? Erzählen Sie im Kurs.

Verben und Ergänzungen
GRAMMATIK 17

D2 Radiogespräch mit dem Computerfachmann Harry Bohnenkamp

AB 16, 17

a Was für einen Computer braucht man? Was sagt der Fachmann?
2.12 Hören Sie den Text einmal und kreuzen Sie an.

WORTSCHATZ 16

1 ☐ Einen immer
größeren Computer.

2 ☐ Ein einfaches kleines Gerät.

2.12

b Haben Sie das im Gespräch gehört? Lesen Sie die Aussagen.
Hören Sie dann das Gespräch noch einmal und kreuzen Sie an: ja oder nein?

ja   nein

1 Der Computer mit möglichst großer Festplatte wird nicht mehr gebraucht.
2 Ab jetzt sollte man alles auf großen USB-Sticks speichern.
3 Man kann auf entfernten zentralen Rechnern / Computern arbeiten.
4 Man kann auf entfernten Computern alles abspeichern, aber keine Fotos und keine Musik.
5 Man braucht nur ein kleines Gerät, mit dem man schnell im Internet ist.
6 Man braucht ein spezielles Gerät, um mit dem entfernten Computer arbeiten zu können.
7 Cloud-Computing, also die Arbeit an entfernten Rechnern, ist aber noch sehr teuer.
8 Die Sicherheit ist genauso groß wie bei Mail-Programmen.

c Wie arbeiten Sie lieber? Speichern Sie Ihre Daten
lieber auf Ihrem Computer zu Hause oder gefällt
Ihnen die Idee besser, die Daten auf einem
entfernten zentralen Computer zu speichern?

1 Sprechen Sie im Kurs.   2 Schreiben Sie einen Kommentar.

Wendungen und Ausdrücke Gefällt mir

etwas bewerten (→A3b)

… hat mir in den Bergen gut gefallen / nicht gefallen … ▪ Ich habe genug davon. ▪ Ich fand den Urlaub am Meer / in den Bergen sehr angenehm / schön / anstrengend (, weil …). ▪ Der Urlaub … ist mir in guter / schlechter Erinnerung geblieben (, weil …). ▪ Der Urlaub … hat mich enttäuscht (, weil …).

Wünsche formulieren (→A3b)

Ich möchte unbedingt wieder … ▪ Mir ist das eigentlich egal, ich finde es sowohl in den Bergen als auch am Meer schön. … ▪ Ich bin mir unsicher, ob … ▪ Ich habe keine Lust (mehr), … zu fahren / …

sich einigen (→A3b)

Wir könnten doch … ▪ Wie wäre es, wenn … ▪ Lasst uns doch … ▪ Nein, das möchte ich wirklich nicht. ▪ Also, das kommt für mich nicht in Frage. ▪ Das können wir schon, obwohl … ▪ Ihr könnt ja dahin fahren, da komme / mache ich aber nicht mit. / Dann mache ich etwas anderes. ▪ Ja, das ist eine gute Idee. ▪ Das wäre auch möglich, stimmt. ▪ Das finde ich eine gute / … Idee. ▪ So machen wir das. ▪ Ja, das ist doch viel besser, als … ▪ Gut, dann … ▪ Einverstanden! / In Ordnung. …

zustimmen / widersprechen (→C2b)

Doch, da hast du recht. ▪ Da bin ich deiner Meinung / anderer Meinung. ▪ Das finde ich auch / nicht. ▪ Da hast du völlig recht. ▪ Ja, das ist möglich, (aber …). ▪ Das werde ich auch / nicht (tun / machen). ▪ Das glaube ich nicht.

ein Ergebnis präsentieren (→A3c)

Die Frage war, ob wir entweder ans Meer oder in die Berge fahren. ▪ Wir haben viel darüber diskutiert. ▪ … war dafür, dass … ▪ … hatte / n dann die Idee, … ▪ Dann / Deshalb haben wir beschlossen, … zu fahren. ▪ Unsere Idee ist (deshalb), zuerst / dann / diesen Sommer / dieses Jahr / die ersten zwei Wochen / … und dann … ▪ Wir fahren zuerst zusammen …, dann fährt … und …

etwas benennen / definieren / identifizieren (→Ba)

… ist ein / eine … ▪ … ist aus … ▪ … ist ein / eine aus … ▪ … wurde aus … gemacht.

Gefallen / Nichtgefallen äußern (→Bb)

Mir gefällt … aus CDs / …, den würde ich mir sofort ins Zimmer stellen. ▪ So ein / eine / einen … aus / mit … würde ich mir nie ins Zimmer stellen / legen. Der / Das / Die ist mir viel zu … ▪ Ein / e … aus … gefällt mir / überhaupt nicht. ▪ Ein / Eine / Einen … aus … würde ich mir nie in die Wohnung / ins Zimmer hängen / stellen / legen. ▪ Das ist doch Abfall. Das sind doch …, daraus kann man doch keine Möbel machen.

die Meinung sagen (→C2b)

Ich finde die Kennzeichnung korrekt, weil … ▪ Ich weiß nicht genau. Ich … ▪ Ich kann mir vorstellen, dass … ▪ Ich denke / glaube, dass das gut ist, weil … ▪ Ich bin mir unsicher, ich schaue eigentlich nie, ob … ▪ Also, ich lese diese Informationen nie. Mir ist das egal. ▪ Es ist doch gut / besser, wenn man das weiß. ▪ Ich werde jetzt nichts mehr ins Abwasser schütten / …

Grammatik Gefällt mir

Ortsangaben

mit Präpositionen

Wechselpräpositionen
an, auf, hinter, in, neben, über, unter, vor, zwischen
Auf die Frage *wohin*? mit Akkusativ
Auf die Frage *wo*? mit Dativ

weitere Präpositionen
wohin? zu, nach mit Dativ
woher? von, aus mit Dativ
wo? bei mit Dativ
durch mit Akkusativ

mit Adverbien

draußen, hinten, unten, oben, …

zweiteilige Konjunktionen

Leona findet es sowohl in den Bergen als auch am Meer schön.
Die Frage war, ob wir entweder ans Meer oder in die Berge fahren.

Verben und ihre Ergänzungen

Ich bin Maurer.	Nominativ
Nimm lieber einen Eisbecher.	Akkusativ
Ich gratuliere dir.	Dativ
Ich schenke ihm ein Buch.	Dativ und Akkusativ
Ich interessiere mich für Geschichte.	mit Präposition.

Passiv

Der Sessel wurde aus CDs gemacht.	*werden* + Partizip II

7 Das tut gut!

Altona = Stadtteil von Hamburg
weise = klug
auf etwas verzichten = etwas nicht
mehr machen oder haben wollen

Arbeiten Sie zu zweit.

2.13

1 Lesen Sie das Gedicht und bringen Sie die Bilder
in die richtige Reihenfolge (Ziffern ergänzen). Hören Sie dann und vergleichen Sie.

2 Was könnten die Ameisen sagen? Ordnen Sie die Sätze Bildern zu.

A Dürfte ich dich mal was fragen? Sollen wir nicht doch lieber hier bleiben? ■ **B** Da hilft nur noch Omas
Fußsalbe, du weißt schon. ■ **C** Eine gut gekühlte Limo, gibt es was Besseres? ■ **D** Gibt es in Australien
eigentlich Schwarzbrot? ■ **E** Eine Reise tut gut. ■ **F** Zu Hause ist es doch am schönsten.

Lernziele:
→ über Vorlieben sprechen
→ über das Befinden sprechen
→ etwas bewerten
→ über Wünsche/Vorsätze sprechen
→ jemandem etwas raten
→ über Gewohnheiten sprechen
→ einen kurzen Vortrag halten

Textsorten:
Gedicht ● Umfrage ●
Produktinformationen ●
Magazintext ● Interview ●

Grammatik:
Infinitiv mit *zu* ●
Modalverben ●
Angaben mit Präpositionen ●
Verben mit Präpositionen ●
Bedingungssatz *wenn* ●
statt zu ● *ohne zu* ●

A Wie wir leben ...

A1 Wann fühlt man sich (besonders) wohl? Sammeln Sie Ihre Vorschläge im Kurs.

spazieren gehen ■ auf dem Balkon
Kaffee trinken ■ zusammen kochen ■ ...

> Vielleicht, wenn man
> allein in der Natur ist.

AB 1 → WORTSCHATZ 1

A2 Umfrage einer Fernsehzeitschrift: Wie machen Sie Ihr Leben lebenswerter?
Das haben die Leser geantwortet.

a Lesen Sie zuerst die Überschriften. Lesen Sie dann die Texte
und tragen Sie die Überschriften ein. Vergleichen Sie dann im Kurs.

1 Immer in Bewegung ■   2 Keine halben Sachen ■   3 Nach der Arbeit ohne Arbeit ■
4 Lecker und gesund ■   5 Nur kein Stress

A ☐ .... *Melanie, 36 Jahre*:

Ich finde es schrecklich, wenn schon am frühen Morgen der Stress beginnt. Deshalb habe ich vor ein paar Jahren beschlossen, einfach eine halbe Stunde früher aufzustehen. Dann mache ich mir einen Tee und lese in Ruhe die Zeitung im Bett. Danach mache ich ein paar Gymnastikübungen am offenen Fenster und gehe unter die Dusche. Ganz zum Schluss kommt ein leckeres, gesundes Frühstück: viel Obst und meistens auch Müsli mit Nüssen und Joghurt. Am Wochenende gehe ich morgens joggen.

C ☐ .... *Silke, 24 Jahre*:

Für mich ist es sehr wichtig, dass ich mich gut ernähre. Früher gab es bei uns vor allem Fast Food, Cola und Süßigkeiten. Durch eine Freundin habe ich erfahren, dass auch gesundes Essen sehr lecker sein kann. Seitdem achte ich viel mehr darauf, was und wie ich esse. Mehrere kleine Mahlzeiten sind besser für mich, das habe ich ausprobiert. Wenn ich beim Lernen mal hungrig bin, esse ich einen Apfel. Wichtig ist auch, dass ich genug trinke, dann kann ich mich viel besser konzentrieren.

B ☐ .... *Ralf, 44 Jahre*:

Ich habe einen Bürojob und brauche deshalb in meiner Freizeit viel Bewegung. Als mein Arzt mir dann auch noch gesagt hat, dass mein Blutdruck zu hoch ist, habe ich beschlossen, in Zukunft nur noch zu Fuß ins Büro zu gehen oder mit dem Fahrrad zu fahren – egal bei welchem Wetter. Im Büro versuche ich, so oft wie möglich aufzustehen und herumzulaufen, zum Beispiel beim Telefonieren. Außerdem achte ich darauf, regelmäßig kleine Pausen und spezielle Gymnastikübungen zu machen. Ich nehme jetzt auch immer die Treppe, statt mit dem Fahrstuhl zu fahren. Am Anfang ist das schwer, aber dann geht's irgendwann. So habe ich auch schon ein paar Kilo abgenommen.

D ☐ .... *Hainer, 47 Jahre*:

Gleichzeitig telefonieren, E-Mails checken, Musik hören und nebenbei Freunde online treffen. Für meinen Sohn gehört Multitasking zum Alltag. Aber ich glaube, dass das, was man Multitasking nennt, eigentlich nur eine Illusion ist. Wer versucht, alles auf einmal zu erledigen, schafft alles nur so halb und nichts richtig. Das kann ja auch gar nicht funktionieren. Deshalb sage ich: Ganz oder gar nicht!

E ☐ .... *Tobias, 36 Jahre*:

Meine wichtigste Anti-Stress-Regel: Trennung von Arbeit und Freizeit. Das ist als Selbstständiger gar nicht so einfach. Denn theoretisch gibt es ja immer etwas zu tun. Ich höre abends immer ganz bewusst mit meiner Arbeit auf und mache dann erst mal etwas ganz anderes, zum Beispiel mit meinen Kindern spielen oder ein bisschen Fahrrad fahren. Früher habe ich oft Arbeit mit nach Hause genommen, aber dann findet man keine Ruhe. Das sollte man auf keinen Fall tun. Wenn man seine Zeit mit der Familie verbringt, sollte man das tun, ohne an die Arbeit zu denken.

AB 2–6

Ich **achte darauf,** ...
Im Büro **versuche** ich,
  so oft wie möglich **aufzustehen.**
... **statt** mit dem Fahrstuhl **zu fahren.**
... **ohne** an die Arbeit **zu** denken.
GRAMMATIK 2–6

b Lesen Sie die Texte noch einmal. Unterstreichen Sie die wichtigsten Informationen. Vergleichen Sie dann Ihre Ergebnisse zu zweit.

c Wie finden Sie die Vorschläge in den Texten A–E? Kreuzen Sie an.

	A	B	C	D	E
Sehr gut.	☐	☐	☐	☐	☐
Gut.	☐	☐	☐	☐	☐
Mache ich auch.	☐	☐	☐	☐	☐
Mache ich teilweise auch.	☐	☐	☐	☐	☐
Werde ich ab jetzt auch machen.	☐	☐	☐	☐	☐
Eher unrealistisch.	☐	☐	☐	☐	☐

d Bilden Sie Kleingruppen.
Vergleichen Sie Ihre Bewertungen in c und sprechen Sie darüber.

Das in Text ..., was die Frau da macht, das finde ich auf jeden Fall sehr gut.

Also ich finde das eher unrealistisch.

AB 7   SÄTZE BAUEN 7

A3 Sie überlegen, einige Dinge in Ihrem Alltag zu ändern.
Notieren Sie drei Dinge, die Sie am liebsten ändern würden.
Sprechen Sie dann im Kurs über Ihre Wünsche.

früher aufstehen ▪ regelmäßig Gymnastikübungen machen ▪ in Ruhe frühstücken ▪
sich mehr bewegen ▪ sich gesünder ernähren ▪ alles nacheinander machen ▪
niemals mehrere Dinge auf einmal machen ▪ keine Arbeit mit nach Hause nehmen ▪
mehr Zeit mit der Familie verbringen ▪ früher ins Bett gehen ▪ mehr Zeit für Hobbys haben ▪ ...

Ich möchte morgens gern früher aufstehen.

Und ich wünsche mir, mehr Zeit für meine Hobbys zu haben.

AB 8   TEXTE BAUEN 8

Ich hätte gern mehr Zeit für ... ▪ Ich hätte Lust, ... ▪
Am liebsten würde ich / möchte ich ... ▪ Mir wäre es wichtig, ...

A4 Schreiben Sie mit Ihren Ergebnissen einen Kommentar zu der Umfrage in der Fernsehzeitschrift.

Fokus Grammatik: Infinitiv im Kontext

1 Der Infinitiv mit *zu* steht nach bestimmten Verben und Ausdrücken. Lesen Sie die Sätze. Markieren Sie und unterstreichen Sie wie in den Beispielen. Vergleichen Sie dann im Kurs.

a Ich habe beschlossen, früher aufzustehen.
b Ich habe keine Zeit, ins Kino zu gehen. Tut mir leid.
c Ich fordere Sie auf, mir mein Geld sofort zurückzugeben.
d Ich habe mich entschlossen, die Stelle in Hamburg anzunehmen.
e Ich bin enttäuscht, dich hier in dieser Kneipe zu treffen.
f Ich habe nicht erwartet, von Ihnen betrogen zu werden. Von allen anderen, aber nicht von Ihnen.
g Ich bin entschlossen, dieses Studium zu schaffen, egal wie.
h Ich hasse es, morgens früh aufzustehen.
i Hindern Sie mich nicht daran, hier hineinzugehen. Sonst muss ich Gewalt anwenden.

2 Der Infinitiv mit *zu* nach festen Ausdrücken

a Nach den Ausdrücken *Ich habe keine Zeit / Lust / Angst ...* Bilden Sie Sätze.

morgens früh aufstehen ▪ abends noch arbeiten ▪ ins Schwimmbad gehen ▪
jeden Abend kochen ▪ meine Arbeit verlieren ▪ krank werden

Ich habe heute keine Lust, ...
Er hat Angst, ...
Sie hat keine Zeit, ...

b Nach Ausdrücken mit *es*: *Es ist wichtig / gut / schlecht / (un)gesund / ...*
Bilden Sie Sätze mit den Ausdrücken.

täglich Sport machen ▪ viel zu Fuß gehen ▪ viel Fast Food essen ▪ sich gesund ernähren ▪ (viel) Fleisch essen ▪
früh aufstehen ▪ eine interessante Arbeit haben ▪ genug Geld verdienen ▪ jeden Tag die Zeitung lesen

Es ist gut, ...
Es ist wichtig, ...
Es ist schlecht, ...
Es ist gesund, ...
Es ist ungesund, ...
Es ist nicht leicht, ...

3 Nach Verben mit Präpositionen, wenn es dieselbe Person ist.
Lesen Sie die Sätze und markieren Sie die Verben.

a Außerdem achte ich darauf, regelmäßig kleine Pausen und spezielle Gymnastikübungen zu machen.
b Er denkt nicht daran, die ganze Arbeit allein zu machen.
c Die Kinder interessieren sich nicht dafür, ins Museum zu gehen. Wir müssen uns für sie was anderes ausdenken.

4 Auch diese Ausdrücke verstehen Sie schon: *statt ... zu* und *ohne ... zu*.
Lesen Sie und übersetzen Sie.

1 Ich nehme jetzt auch immer die Treppe, **statt** mit dem Fahrstuhl zu fahren.
2 Ich gehe nicht, **ohne** allen Auf Wiedersehen zu sagen.
3 Freu dich doch, **statt** zu klagen. Du hast einen interessanten neuen Job und du verdienst ziemlich gut. Also! Was ist los mit dir.

Von Tees, Salben und Tropfen

B

B1 Die Kraft der Pflanzen

a Lesen Sie die Angaben zu den Produkten aus der Apotheke.
Unterstreichen Sie die wichtigsten Informationen.

1

Ringelblumensalbe / Calendulasalbe
- hilft bei kleinen Entzündungen auf der Haut und kleinen Wunden
- beruhigt sensible und angegriffene Haut

2

Baldriantee
- hilft beim Einschlafen
- beruhigt, wenn man nervös ist

3

Kamillentropfen
- helfen bei kleineren Verletzungen und Entzündungen der Haut (auch im Mund)
- werden bei Magenschmerzen als Tee getrunken

4

Lindenblütentee
- hilft bei Husten und Heiserkeit
- gut gegen leichte Kopfschmerzen

5

Fencheltee
- gut gegen Bauchschmerzen bei Jung und Alt
- beruhigt müde Augen

6

Johanniskrautsalbe
- hilft bei kleinen Hautproblemen
- ist gut bei kleinen, leichten Verbrennungen
- ist gut gegen trockene Lippen

b Was kann man wann verwenden? Ordnen Sie zu.

Was hilft, wenn man
- erkältet ist? ....
- Hautprobleme hat? ....
- Probleme mit dem Magen hat? ....
- schlecht schläft? ....

... ist gut gegen ...
... hilft bei ...
GRAMMATIK 11

AB 9-11

WORTSCHATZ 9, 10

B Von Tees, Salben und Tropfen

B2 Gespräche in der Apotheke

a Hören Sie die Gespräche.
🔊 2.14–17 Welche Probleme haben die Personen? Kreuzen Sie an.

	Brandwunde	Zahnschmerzen	Erkältung	Schlafprobleme
Gespräch 1	☐	☐	☐	☐
Gespräch 2	☐	☐	☐	☐
Gespräch 3	☐	☐	☐	☐
Gespräch 4	☐	☐	☐	☐

b Welches Produkt aus B1 empfiehlt die Apothekerin ihren Kunden in a?
Tragen Sie die Ziffern in die Tabelle ein.
(Einem Kunden kann sie kein Produkt empfehlen.)

c Was empfiehlt sie dem Kunden in Gespräch 3?
Warum? Was glauben Sie? Sprechen Sie im Kurs

> Ich **kann** ja so auch
> nicht arbeiten.
> Also, da **müssen** Sie
> sofort zum Zahnarzt.
> GRAMMATIK 12, 13

AB 12-15

SÄTZE BAUEN 14, 15

B3 Rollenspiel: Bei kleinen gesundheitlichen Problemen kann die Apotheke helfen.
Arbeiten Sie zu zweit. Lesen Sie die Situationsbeschreibungen 1–4.
Wählen Sie das passende Produkt in B1a aus.
Spielen Sie dann die Gespräche.

Rolle **A**

Sie gehen in die Apotheke.
Sie haben ein Problem (wählen Sie aus).
Erklären Sie Ihr Problem.

Rolle **B**

Sie sind die Apothekerin.
Hören Sie zu.
Empfehlen Sie ein Produkt aus B1.

Produkt ☐

Mein Kind hat nachts oft Bauchschmerzen.
Der Arzt sagt, das Kind ist gesund.

Produkt ☐

Ich arbeite viel am Computer und
habe oft müde Augen.

Produkt ☐

Ich bin immer so nervös, möchte
aber keine starken Medikamente nehmen.

Produkt ☐

Ich habe manchmal leichte
Kopfschmerzen.

C1 **a** Was für ein „Ess-Typ" sind Sie? Was passt zu Ihnen?
Kreuzen Sie an. Sie können auch mehrmals ankreuzen.

☐ **Der Eilige**

Der Eilige hat einen anstrengenden Beruf und darf keine Zeit verlieren. Für ihn gibt es selten drei Mahlzeiten am Tag. Morgens kommt er schlecht aus dem Bett und geht dann ohne Frühstück aus dem Haus. Mittags isst er schnell in der Kantine oder kauft sich ein Sandwich oder eine Bratwurst und isst im Stehen. Abends gibt es Fertig-Pizza, Spaghetti oder Brot und eine Cola. Manchmal brät er sich auch ein Steak. Das ist lecker und geht schnell.

☐ **Der Süße**

Der Süße isst immer dann, wenn er Lust dazu hat, denn Essen macht ihn glücklich. Er liebt alles, was süß ist – von Eis, Bonbons und Schokolade bis Tiramisu oder Erdbeerkuchen. Manchmal erlaubt er sich auch ein Stück Nusstorte mit Sahne oder eine Schachtel Pralinen. Sein liebstes Hobby ist Backen und im Restaurant ist seine Standardfrage „Und was für Nachspeisen haben Sie?"

☐ **Der Fleischliebhaber**

Ob vom Rind, vom Kalb, vom Schwein, vom Lamm oder Geflügel – ob Steak, Schnitzel, Schinken, Wurst oder Speck – ob gekocht, gebraten oder gegrillt, das alles spielt keine Rolle – nur: Fleisch muss es sein! So jedenfalls denken Fleischliebhaber. Sie freuen sich jedes Jahr auf die Grillsaison, denn einen Sommer ohne Fleisch vom Grill können sie sich nicht vorstellen.

☐ **Der Feinschmecker**

Egal, in welchem Lokal – ob in der Kneipe, im Biergarten oder im feinen Restaurant: Der Feinschmecker achtet weniger auf Kalorien oder Preise, sondern auf Geschmack, Qualität und guten Service. Er bestellt sich gern mal eine besondere Vorspeise, mag keine fetten Speisen und studiert regelmäßig die Weinkarte. Gern probiert er die „Spezialität des Hauses" auf Empfehlung des Küchenchefs. Wenn die Bedienung kompetent und freundlich ist, gibt er ein gutes Trinkgeld.

☐ **Der Bio-Fan**

Weißbrot mit Margarine und Marmelade? Würstchen mit Senf? Pommes mit Ketchup und Mayonnaise? Nein danke! Der Bio-Fan ernährt sich nur von biologisch-dynamischen Lebensmitteln und achtet auf gesunde Ernährung. Zum Frühstück gibt es jeden Morgen Müsli mit Nüssen, Banane und Natur-Joghurt. Mittags kocht der Bio-Fan am liebsten selbst: zum Beispiel frische, scharf gewürzte Wok-Gerichte – meistens vegetarisch oder mit Bio-Geflügel. Manchmal isst er auch einfach nur einen gemischten Salat mit Gurken, Tomaten und Karotten.

AB 16–20 · WORTSCHATZ 16–18 · SÄTZE BAUEN 19 · TEXTE BAUEN 20

b Gespräch in der Gruppe. Folgende Fragen bieten sich an.
Sagen Sie zu jedem Punkt ein paar Sätze.

- Konnten Sie sich als Ess-Typ im Angebot finden? Wenn ja, was passt zu Ihnen? Wenn nicht, warum nicht?
- Würde man die Ess-Typen in Ihrer Heimat genauso beschreiben?
- Hängen Ihre Ess-Gewohnheiten eher von Ihrer Lebenssituation ab oder eher von Ihren Vorlieben?
- Kann man ungesundes Essen verbieten? Würden Sie sich daran halten?

C2 Einen kurzen Vortrag halten

a Bilden Sie Dreiergruppen. Entscheiden Sie sich für ein Thema: A oder B.

Thema **A** So isst man in meiner Heimat. · Thema **B** So esse ich.

b Bereiten Sie Ihren kurzen Vortrag systematisch vor und halten Sie ihn dann im Kurs.
Wie Sie das machen können, finden Sie auf Seite 100f.

C3 Schreiben Sie eine persönliche E-Mail.
Beschreiben Sie, wie man in Ihrer Heimat isst oder wie Sie persönlich essen.

D Die Kraft der Meditation

D1 a Haben Sie Bekannte, die regelmäßig meditieren?
Oder haben Sie selbst Erfahrungen damit? Sprechen Sie.

b Was kann man mit Meditation erreichen?
Sprechen Sie in der Gruppe.

sich entspannen ▪ ruhiger werden ▪ an nichts denken ▪
Stress reduzieren ▪ fit bleiben ▪ ruhig atmen ▪ an schöne
Dinge denken ▪ besser schlafen ▪ lernen, seine Gefühle
zu beobachten ▪ weniger Schmerzen haben ▪ abnehmen ▪
langsamer älter werden ▪ besser arbeiten können

> Mein Kollege macht das seit
> ein paar Jahren. Er war sehr
> nervös und hatte viel Stress.
> Seitdem geht es ihm besser.

> Ich habe mal gehört,
> dass man dann weniger
> Schmerzen hat.

> Wenn man
> meditiert, bleibt
> man länger fit.

> Meditieren hilft,
> glaube ich, wenn
> man abnehmen will.

AB 21, 22

Meditieren hilft,
glaube ich, **wenn**
man abnehmen **will**.
GRAMMATIK 21, 22

D2 Ein Gespräch mit Herrn Doktor Eckart von Hirschhausen*

a Lesen Sie die Aufgaben.

b Was wurde im Text gesagt? Welche Aussage ist richtig: a oder b?
2.18 Hören Sie den Text und kreuzen Sie an.

1 Herr Dr. von Hirschhausen möchte wissen,
  a ☐ warum manche Menschen krank werden.
  b ☐ warum manche Menschen gesund bleiben.

2 Herr Dr. von Hirschhausen sagt,
  a ☐ dass das Meditieren immer gut funktioniert.
  b ☐ dass das Meditieren nicht immer gut funktioniert.

3 Das Meditieren hilft, weil man versteht,
  a ☐ dass man viele Dinge einfach akzeptieren muss.
  b ☐ dass man viele Dinge ändern muss.

4 Die Meditation
  a ☐ kann bei Schmerzen helfen.
  b ☐ kann bei Schmerzen nicht helfen.

5 Dass Leute in Deutschland meditieren,
  a ☐ wird in Zukunft ganz normal sein.
  b ☐ wird auch in Zukunft selten sein.

6 Herr Dr. von Hirschhausen sagt,
  a ☐ dass es leicht ist, die Grundlagen
       des Meditierens zu lernen.
  b ☐ dass es sehr lange dauert, bis man die
       Grundlagen des Meditierens gelernt hat.

7 Herr Dr. von Hirschhausen sagt,
  a ☐ dass man sich nur beim Meditieren
       entspannen und glücklich sein kann.
  b ☐ dass es nur wichtig ist, sich überhaupt
       zu entspannen. Wie man das macht,
       ist eigentlich egal.

* Arzt, Moderator,   AB 23   SÄTZE BAUEN 23
Kabarettist und
Schriftsteller

D3 Sie bekommen einen Gutschein für einen Meditationskurs geschenkt.
Gehen Sie hin? Oder lieber nicht? Was würden Sie tun? Sprechen Sie im Kurs.

> Ich weiß nicht genau. Mir geht es doch
> gut. Ich glaube, ich brauche das nicht.

> Mir ist meine Gesundheit wichtig.
> Ich würde das ausprobieren.

Also, ich hätte Lust dazu. Vielleicht wäre ich dann … / würde ich dann … ▪
Ich würde das nicht machen, ich habe keine Zeit / kein Interesse … ▪
Wenn ich dann wirklich besser arbeiten könnte / … , (dann) würde ich das wohl machen.

Fokus Grammatik: Modalverben im Kontext

1 **Möglichkeit ausdrücken**

a Übersetzen Sie „Möglichkeit ausdrücken" in Ihre Muttersprache.
Lesen Sie dann die Beispielsätze mit den Erklärungen.

1	Die Meditation kann Patienten mit starken Schmerzen helfen.	Es ist möglich, dass sie hilft.
2	Ich kann dir morgen beim Putzen helfen, heute nicht.	Es ist nur morgen möglich.
3	Wir können morgen ins Schwimmbad gehen, wenn das Wetter gut ist.	Es ist möglich.
4	Ich kann jetzt nicht mit dir spazieren gehen, weil ich mit der Arbeit noch nicht fertig bin.	Es ist nicht möglich.

b Formulieren Sie eigene Sätze. Vergleichen Sie dann im Kurs.

dich morgen besuchen   heute Abend zum Einkaufen gehen   morgen doch nicht ins Kino / viel Arbeit haben
heute Abend kochen / wenn vorher einkaufen gehen (du)   *Ich kann dich morgen besuchen.*

2 **Fähigkeit ausdrücken**

a Übersetzen Sie „Fähigkeit ausdrücken" in Ihre Muttersprache.
Lesen Sie dann die Beispielsätze mit den Erklärungen.

| 1 | Ich kann gut rechnen. | Ich bin gut in Rechnen. |
| 2 | Ich kann sehr weit springen, wenn ich regelmäßig trainiere. | Ich bin gut. Ich springe sehr weit. |

b Was können Sie besonders gut? Schreiben Sie mindestens drei Beispiele.

3 **Erlaubnis und Verbot ausdrücken**
Übersetzen Sie „Erlaubnis und Verbot ausdrücken" in Ihre Muttersprache.
Lesen Sie die Beispielsätze mit Erklärungen.

| a | Ich habe den Chef gefragt, ich kann mir heute Nachmittag frei nehmen. | Jemand hat es erlaubt. |
| b | Hier darf man nicht rauchen. Sehen Sie das nicht? | Es ist verboten. Da ist ein Verbotsschild |

4 **Eine Notwendigkeit / einen Zwang formulieren. Lesen Sie die Beispielsätze mit Erklärungen.**
Formulieren Sie dann die Sätze in Ihrer Muttersprache.

a	Das Auto muss nächsten Monat zum TÜV.	Das ist eine Vorschrift / ein Gesetz.
b	Ich muss bei meinen Nachbarn die Blumen gießen.	Ich habe es versprochen.
c	Sie müssen das Medikament regelmäßig nehmen.	Jemand hat gesagt, es ist notwendig.
d	Ich soll im Bett bleiben.	
e	Sie brauchen die Medikamente nicht mehr zu nehmen. Sie sind gesund.	Nicht notwendig.
f	Du musst nicht noch einmal anrufen. Ich mache es bestimmt.	

5 **Eine Bitte / einen Wunsch formulieren. Lesen Sie die Sätze mit den Erklärungen und ergänzen Sie.**
Vergleichen Sie dann mit dem Lösungsschlüssel.

möchten   wollen   können

a	Papa, ich .... gern den Eisbecher „Banana split". Erlaubst du es?	ein Wunsch. Variante: Papa, ich hätte gern den Eisbecher „Banana split".
b	Ich .... ein Eis essen. Und guck mal, da ist auch eine Eisdiele.	ein Wunsch: Ich habe Lust auf ein Eis.
c	Ich bin müde. Ich .... jetzt Pause machen. Wir können dann später weitergehen.	starker Wunsch

6 **Eine Aufforderung formulieren. Lesen Sie.**

| Frau Meier, könnten Sie uns bitte einen Kaffee machen? | Konjunktiv-II-Form von *können*; vergl. Seite 57 |

7 **Einen Vorschlag formulieren. Lesen Sie.**

| a | Sie könnten doch Freitagabend fahren. | Konjunktiv-II-Form von *können*; vergl. Seite 89 |
| b | Du solltest für das Vorstellungsgespräch lieber einen Anzug anziehen. | Konjunktiv-II-Form von *sollen*; vergl. Seite 39 |

Wendungen und Ausdrücke   Das tut gut!

etwas bewerten (→A2d)

Das in Text …, was die Frau da macht,
das finde ich auf jeden Fall sehr gut. ▪
Die Idee von … finde ich (nicht) gut. ▪
Der Vorschlag von … gefällt mir (nicht).

einen kurzen Vortrag halten (→C3)

Ich möchte Euch / Ihnen erzählen, was … / wie … ▪ Zuerst
erzähle ich Ihnen, was / … ▪ Dann berichte ich darüber, … ▪
Ich erzähle Ihnen auch, … ▪ Zum Schluss erzähle ich noch /
zeige ich noch … ▪ Haben Sie / Habt ihr noch Fragen?

Wünsche / Vorsätze formulieren (→A3)

Ich möchte morgens gern früher aufstehen /
… ▪ Und ich wünsche mir, mehr Zeit für meine
Hobbys / … zu haben. ▪ Ich hätte gern mehr Zeit
für … ▪ Ich hätte Lust, … ▪ Am liebsten würde
ich / möchte ich … ▪ Mir wäre es wichtig, …

über Gewohnheiten sprechen (→C3)

Zum Frühstück / Mittagessen / … isst man … / esse ich … ▪
Frühstück essen wir / esse ich um … ▪ Zum Frühstück isst
man bei uns / esse ich nichts / sehr viel, nämlich … ▪
Abends / … isst die ganze Familie zusammen. Da gibt es … ▪
… Am liebsten essen wir / isst man / esse ich … Also das ist …

über einen Nutzen sprechen (→D1b)

Ich habe mal gehört, dass man dann … ▪
Wenn man …, dann … ▪ … hilft, wenn man …
will. ▪ … macht das seit … ▪ Sie / Er war sehr
nervös / … Seitdem geht es ihr / ihm besser.

über eine Möglichkeit spekulieren (→D3)

Ich weiß nicht genau. Ich glaube, ich brauche das nicht. ▪
Mir ist meine Gesundheit wichtig. Ich würde das sicher /
vielleicht ausprobieren. ▪ Also, ich hätte Lust dazu. Vielleicht wäre
ich dann … / würde ich dann … ▪ Ich würde das nicht machen,
ich habe keine Zeit / kein Interesse … ▪ Wenn ich dann wirklich
besser arbeiten könnte / …, (dann) würde ich das (wohl) machen.

Grammatik   Das tut gut!

Verben mit festen Präpositionen

Ich **achte auf** meine Ernährung.
Ich **achte darauf**, dass die Kinder viel Obst essen.
Worauf achten Sie bei Ihrer Ernährung?

Angaben mit Präpositionen

Diese Salbe ist gut. –
Diese Salbe ist gut **gegen** trockene Haut. |
weitere Information mit fester Präposition

Infinitiv mit *zu*

Infinitiv mit *zu*

Ich habe **beschlossen**, früher auf**zu**stehen. | nach bestimmen
Verben bei demselben Subjekt.
alternativ: *Ich habe beschlossen, dass ich früher aufstehe.*

Ich **habe keine Zeit**, abends mit meinen Kindern **zu** spielen. |
nach festen Ausdrücken

Es **ist wichtig**, sich regelmäßig **zu** bewegen. | nach Ausdrücken
mit *es*

Ich **achte darauf**, viel Obst **zu** essen. | nach Verben mit
Präpositionen, wenn das Subjekt dasselbe ist.
alternativ: *Ich achte darauf, dass ich viel Obst esse.*

statt zu

Ich nehme die Treppe, **statt** mit dem Aufzug **zu** fahren. |
alternativ: *Ich nehme die Treppe und fahre nicht mit dem Aufzug.*

ohne zu

Ich spiele mit meinen Kindern, **ohne** an die Arbeit **zu** denken. |
alternativ: *Ich spiele mit meinen Kindern und denke dabei nicht
an die Arbeit.*

brauchen

Sie brauchen mich nicht noch einmal anzurufen. |
alternativ: *Sie müssen mich morgen nicht noch einmal anrufen.*

Modalverben

Ich **möchte** einen Eisbecher. | Wunsch

Ich **kann** heute nicht spazieren **gehen**,
ich habe keine Zeit. | Möglichkeit
Ich **kann** gut Deutsch. | Fähigkeit
Ich **kann** mir morgen frei nehmen. | Erlaubnis
Hier **kann** man **nicht** parken. | Verbot
Könnte ich bitte einen Eisbecher haben? | Bitte
Könnten Sie uns einen Kaffee machen? |
Aufforderung
Ich **muss** die Blumen gießen. | Notwendigkeit
Ich **muss** sie heute (nicht) gießen. |
(keine) Notwendigkeit
Ich **will** jetzt ein Eis. | starker Wunsch
Ich **soll** im Bett bleiben. | Notwendigkeit
Du **solltest** einen Anzug anziehen. | Vorschlag
Hier **darf** man nicht parken. | Verbot
Hier **dürfen** Kinder Fahrrad fahren. | Erlaubnis

Bedingungssatz

Meditieren hilft, **wenn** man abnehmen **will**.

8 Gut, obwohl ...

1 Sehen Sie sich die Fotos an. Was fällt Ihnen dazu ein? Notieren Sie.

Fiona

Constantin

Lia

Vincent

Henrike

2 „Was ist Ihr Lieblingswetter?"
Fünf Personen haben auf die Frage einer Zeitschrift reagiert und E-Mails mit Fotos geschickt. Was glauben Sie, was haben die Personen zu den Fotos geschrieben? Wählen Sie ein Foto aus und schreiben Sie die E-Mail von Fiona, Constantin, Lia, Vincent oder Henrike. Lesen Sie Ihre E-Mails vor.

Hallo, ich schicke Ihnen ein Foto von der Nordsee. Wir machen gerade einen Spaziergang am Strand. Es ist sehr ...

Lernziele:
→ über Möglichkeiten sprechen
→ argumentieren und sich einigen
→ jemanden einladen
→ eine Einladung annehmen / ablehnen
→ Freude / Bedauern ausdrücken
→ Gegensätze ausdrücken
→ Überraschung / Enttäuschung ausdrücken

Textsorten:
Homepage ■ Einladung ■
Bewerbungsgespräch ■
Kündigungsgespräch

Grammatik:
Verneinung: *nicht, kein* ■
obwohl / trotzdem ■
aber, zwar ... aber ■
Konjunktiv II und
Konjunktiv II Vergangenheit):
hätte / wäre + Partizip II

A1 **a** Sehen Sie sich die Bilder an. Was passiert da? Was meinen Sie? Sprechen Sie im Kurs.

Profis trainieren in einem Sportverein für einen Wettkampf. ▪ Leute machen nach der Arbeit Sport. ▪ Leute trainieren auf einem Sportplatz. ▪ ... trainieren für ein Schulfest. ▪ Bei einem Wettkampf werden Mannschaftsspiele veranstaltet. ▪ ... trainieren für einen Wettkampf. ▪ Das sind Übungen für Leute, die sonst keinen Sport treiben.

b Lesen Sie den folgenden Text.
Welche Beschreibung aus A1a passt? Markieren Sie sie.

http://spiel-ohne-grenzen.net/

Spiel ohne Grenzen, *Jeux sans frontières*
Giochi senza frontiere,
Spel zonder grenzen, It's a knockout

Herzlich willkommen auf der deutschen Fanseite von „Spiel ohne Grenzen", auf Englisch bekannt als „It's a knockout" oder nach ihrem französischen Ursprung als „Jeux sans frontières", kurz „JSF".

Zwischen 1965 und 1999 (mit Unterbrechungen) nahmen zwanzig Länder an diesen Spielen teil. Vor allem in den 70er- und 80er-Jahren waren die Fernsehübertragungen der Spiele bei den Zuschauern sehr beliebt. Die nationalen Spiele wurden nur in den Ländern, die internationalen in allen Teilnehmerländern im Fernsehen gezeigt. Die Spiele fanden von Ende Mai bis Mitte September unter freiem Himmel statt und standen jeweils unter einem Motto, an dem sich die Spiele dann orientierten, wie z. B. Robin Hood, Walt Disney, Zirkus oder auch Ferien am Strand. An vier Samstagnachmittagen fanden die nationalen Ausscheidungen statt: Immer zwei Teams aus acht ausgewählten Städten spielten gegeneinander. Für jedes gewonnene Spiel gab es zwei Punkte. Die siegreiche Stadt durfte dann an einem der internationalen Wettkämpfe teilnehmen. Die fanden immer mittwochabends statt. Jedes Land war einmal Gastgeberland.

Zum Abschluss und als Höhepunkt eines jeden Jahres fand das internationale Finale statt, bei dem die erfolgreichsten Teams noch einmal spielen durften und dabei den Gesamtsieger des Jahres kürten.

Deutschland stieg 1980 zum Bedauern der großen Fangemeinde aus Kostengründen aus der Spielserie aus. Die Spielserie selbst ging bis 1982 weiter, pausierte dann von 1983 bis 1987, ehe sie von 1988 bis 1999 wiederbelebt wurde. Daran nahmen jedoch nur noch wenige Länder der „ersten Stunde" teil, dafür durfte z. B. Tunesien teilnehmen.

Inzwischen gibt es im Internet eine Aktion für die Wiedereinführung von „Spiel ohne Grenzen". Dort gibt es auch schon viele Unterschriften, auch aus Deutschland, jedoch scheint derzeit eine Teilnahme Deutschlands bei einer durchaus möglichen Wiederaufnahme der Serie unwahrscheinlich.

AB 1 ➡ WORTSCHATZ 1

W

A2 Lesen Sie die Aufgaben. Lesen Sie dann den Text noch einmal und lösen Sie die Aufgaben. Was ist richtig? Kreuzen Sie an.

1 Die Zuschauer interessierten sich

☐ nicht sehr für *Spiel ohne Grenzen*.
☐ für die nationalen und die internationalen Spiele.
☐ nur für die internationalen Spiele.

2 Die internationalen Spiele fanden

☐ einmal in jedem Land statt.
☐ alle in einem ausgewählten Land statt.
☐ in verschiedenen Städten statt.

3 Zwischen 1965 und 1999 fanden die Spiele

☐ ohne Unterbrechung mit allen Ländern statt.
☐ mit Unterbrechung, aber mit allen Ländern statt.
☐ mit Unterbrechung und zum Teil mit anderen Ländern statt.

4 Wie sieht die Zukunft aus?

☐ *Spiel ohne Grenzen* wird es mit allen Ländern wieder geben.
☐ *Spiel ohne Grenzen* wird es nie wieder geben.
☐ *Spiel ohne Grenzen* wird es vielleicht geben, aber wahrscheinlich ohne die Teilnahme von Deutschland.

A3 Projekt: „Soll es ab nächstem Jahr *Spiel ohne Grenzen* geben?"

a In einer ersten Sitzung sind Argumente für und gegen das Projekt gesammelt worden. Lesen Sie die Argumente. Welche finden Sie gut? Kreuzen Sie an.

pro

– faire Wettkämpfe für normale Menschen ☐
– Sport und Spaß und gute Atmosphäre
– internationale Spiele: Man lernt das eigene Land und andere Länder kennen. ☐
– ein Fernsehprogramm für die ganze Familie ☐
– gutes Beispiel für Sport und Spaß auf Betriebsfesten, an Schulen usw. ☐
– Der Slogan „Aus Nachbarn werden Freunde" passt immer noch. ☐

kontra

– sehr teuer (Vorbereitung, Organisation) ☐
– Bei Regen funktionieren die Spiele nicht.
– Heute finden die meisten das langweilig. ☐
– Man hat keine Ideen mehr für Spiele. ☐
– Viele Menschen treiben heute richtig Sport.
– Heute kennt man die Nachbarländer sowieso. ☐
– Solche Spiele sind nur noch etwas für Kinder. ☐

b Arbeiten Sie in Gruppen. Jede Arbeitsgruppe hat die Aufgabe, zu entscheiden: Würden Sie im kommenden Jahr wieder mit *Spiel ohne Grenzen* anfangen oder nicht?

1 Diskutieren Sie in Ihrer Gruppe die Argumente (aus a) und mögliche Maßnahmen.

Wettkämpfe in einem Stadion (mit Dach) ■ statt Spiele normale Sportarten (Tennis, Rad fahren, Fußball …) ■ einen Spiel-ohne-Grenzen-Verein gründen ■ Spiel-ohne-Grenzen-T-Shirts verkaufen ■ Busreisen zu den Spielen organisieren ■ Highlights der Spiele aufnehmen und auf DVD verkaufen ■ die Zuschauer aktiv mitmachen lassen (abstimmen, Punkte geben)

> Diese Spiele sind teuer. Das stimmt. Trotzdem würde ich sie wieder machen, weil das etwas für normale Sportler ist und nicht für Profisportler.

> Ich würde die Spiele nicht mehr machen, obwohl mir der Slogan gefällt.

…, **obwohl** mir der **Slogan** gefällt.
Ich **würde** sie **trotzdem** wieder machen.
…, **aber** man **könnte** T-Shirts verkaufen.
GRAMMATIK 2–4

2 Einigen Sie sich jetzt in der Gruppe: Sind Sie gemeinsam dafür oder dagegen? Notieren Sie, warum Sie sich so entschieden haben.

AB 2–8

3 Tragen Sie nun Ihre Entscheidung im Kurs vor. Eine Person aus der Gruppe ist die Sprecherin / der Sprecher. Eine andere Person notiert die Stichwörter an der Tafel.

SÄTZE BAUEN 5
TEXTE BAUEN 6, 7, 8

B1 **a**   Stellen Sie sich folgende Situation vor: Die Nachbarn Ihrer Eltern sind fünfzig Jahre verheiratet. Zu ihrer goldenen Hochzeit laden sie alle ihre Freunde und Bekannten mit Familie ein. Und deshalb bekommen Sie auch eine Einladung mit Programm. Lesen Sie sie.

Lieb .... ,

es ist kaum zu glauben, aber es ist wahr. Wir sind nun schon 50 Jahre glücklich verheiratet. Dabei haben Sie uns alle begleitet, in glücklichen und traurigen Stunden. Deshalb möchten wir Sie zu einem Wochenende (zu uns nach Dinslaken) einladen.
Das Programm erhalten Sie mit dieser Einladung.

Über Ihr Kommen würden wir uns sehr freuen.
Helene und Günther Kutscher

PROGRAMM: *für den 15. und 16. Mai*

SAMSTAG   10 Uhr   gemeinsamer Besuch des Gottesdienstes
          12 Uhr   Mittagessen in der Gaststätte AM KAMIN (früher TANTE LISA),
                      (Voerder Straße 232, Dinslaken)

                      danach ein Spaziergang im Wohnungswald.

          ab 20 Uhr   Abendessen und Tanz in die Nacht, HAUS EPPINGHOVEN,
                      Rotbachstraße 140, Dinslaken
                      Für Musik sorgen die
                      LUSTIGEN MUSIKANTEN
                      mit Musik aus unserer Jugendzeit.

SONNTAG   ab 11 Uhr   BRUNCH bei uns zu Hause
                      gemütlicher Ausklang bis in den Abend.

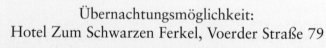

                      Übernachtungsmöglichkeit:
                 Hotel Zum Schwarzen Ferkel, Voerder Straße 79

           PS: Die Hotelkosten können wir leider nicht bezahlen.
                      Wir bitten um Verständnis.

b   Lesen Sie die Einladung noch einmal und notieren Sie, warum Sie gern zu dem Fest fahren möchten oder warum nicht. Sie wohnen weit weg.

lange Fahrt – (sehr/zu) teuer ▪ viele alte Leute – langweilig ▪ Übernachtung – teuer ▪ niemanden kennen ▪ tolle Idee ▪ alte Bekannte treffen – interessant / spannend ▪ Eltern besuchen ▪ andere Termine vereinbaren ▪ nette Leute wiedersehen ▪ bei Eltern übernachten ▪ zwei Tage zu viel ▪ viel Arbeit/viel lernen müssen ▪ …

c Arbeiten Sie zu dritt. Vergleichen Sie Ihre Argumente.
Möchten Sie fahren oder doch nicht?

Das muss ich mir noch überlegen. ■ Den ganzen Tag mit … zusammen,
das brauche ich nicht / das finde ich besonders schön. ■ Also ich weiß
nicht, was ich machen soll. Ich würde zwar / eigentlich gern fahren, aber … /
weil … / obwohl … ■ Ich glaube, mir ist das zu teuer. ■ Ich finde das toll.
Ich möchte unbedingt fahren, weil … ■

> Also, ich weiß noch nicht.

> Ich glaube, das ist mir zu teuer.

d Entscheiden Sie sich jetzt. Kreuzen Sie an.

☐ Ich fahre.   ☐ Ich fahre nicht.

B2 Sie wollen die Familie Kutscher anrufen und zusagen oder absagen.
Arbeiten Sie zu zweit. Wählen Sie eine Rolle und rufen Sie an.
Tauschen Sie dann die Rollen.

AB 9, 10

> Die Kutschers sind zwar nett, aber auf ein großes Fest habe ich keine Lust.
> GRAMMATIK 9

SÄTZE BAUEN 10

Rolle **A** Anrufer

Fragen Sie, wie es ihnen geht.
Bedanken Sie sich für die nette
Einladung. Sagen Sie auch,
ob Sie kommen oder nicht.
Sagen Sie auch, warum.
Welche Wendungen und Ausdrücke
können Ihnen helfen? Wählen Sie aus.

Rolle **B** Helene / Günther Kutscher

Melden Sie sich am Telefon. Reagieren
Sie auf die Zusage mit Freude / auf die
Absage mit Bedauern. Haben Sie
vielleicht spontan noch eine Lösung /
eine Idee?
Welche Wendungen und Ausdrücke
können Ihnen helfen? Wählen Sie aus.

Vielen Dank / Es ist wirklich (sehr) nett, dass
Sie mich eingeladen haben. ■ Es tut mir sehr leid, aber
ich kann leider nicht kommen. ■ Ich würde zwar gern kommen,
aber … ■ Ich komme sehr gern. ■ Ich nehme die Einladung
gern an, ich kann aber leider nur am …

Das macht doch nichts / Das ist doch überhaupt kein Problem. ■
Das freut uns sehr. ■ Da freuen wir uns. Das ist aber schön. ■
Schön, dass Sie kommen können. ■ Uns tut es sehr leid, aber ich
kann verstehen, dass … ■ Schade, dass Sie nicht kommen können. ■
Wollen Sie es sich vielleicht noch einmal überlegen?

> Kutscher.

> Hier …, guten Abend, Herr Kutscher. Ich habe Ihre Einladung bekommen. Vielen Dank, dass …

AB 11, 12   SÄTZE BAUEN 11
TEXTE BAUEN 12

B3 Sie können nicht zu dem Fest fahren. Schreiben Sie den Kutschers.

1 Wählen Sie eine Karte aus.

2 Wählen Sie die passende Anrede.
3 Bedanken Sie sich für die Einladung.
4 Schreiben Sie, dass Sie leider nicht kommen können und warum.
5 Wünschen Sie ihnen alles Gute für das Fest.
6 Wählen Sie einen passenden Schluss.

Fokus Grammatik: *kein-, nicht, aber, zwar ... aber, obwohl, trotzdem*

1   Lesen Sie die folgenden Sätze. Achten Sie auf die Markierungen.

1
> Ich habe wirklich keine Zeit, nach Dinslaken zu fahren.

2
> Ich würde nicht nach Dinslaken fahren.

3
> Ich würde zwar gern nach Dinslaken fahren, aber die Zugfahrt ist mir zu teuer.

4
> Ich fahre zu den Kutschers, obwohl die lange Zugfahrt sehr anstrengend ist.

5
> Die Fahrkarte ist sehr teuer, trotzdem fahre ich mit dem Zug nach Dinslaken.

6
> Eigentlich ist das eine tolle Idee, aber ich habe leider keine Zeit.

2   Verneinung mit *nicht* und *kein-*

a   Was passt? Ergänzen Sie.

    1   Ich antworte ....

    2   Ich bin .... krank.

    3   Ich bin .... gut, aber ich bin .... der schlechteste Schüler.

    4   Ich fahre .... nach Dinslaken.

    5   Ich schreibe die Karte an die Kutschers .... sofort.

    6   Ich telefoniere .... lange mit den Kutschers. Wir können gleich losgehen.

    7   Ich bin .... Student, ich bin noch Schüler.

    8   Ich bin .... guter Schüler. Ich bin nämlich faul.

    9   Ich habe .... Zeit zum Lernen.

    10   Ich habe .... besonders großes Interesse an seinen Hobbys.

b   Lesen Sie die folgende Regel. Lesen Sie dann noch einmal die Sätze 1–10. Tragen Sie dann ein, in welchen Sätze Sie die Regel finden.

    Sätze und Satzteile negiert man normalerweise mit *nicht*: Satz 1– ....

    Bei Nomen mit unbestimmtem Artikel oder ohne Artikel nimmt man *kein-*: .... – ....

3   **a**   *aber*: einen Widerspruch oder Gegensatz formulieren. Wo steht *aber* in diesen Sätzen? Markieren Sie. Lesen Sie dann den Hinweis.

    1   Ich möchte ins Theater, aber ich bin zu müde.

    2   Ich gehe jeden Abend spazieren, aber heute sehe ich lieber fern.

    Hinweis: *aber* steht zwischen zwei Sätzen nach einem Komma.

b   *zwar ... aber*: einen starken Widerspruch oder Gegensatz formulieren. Übersetzen Sie den Satz.

    Es ist zwar schade, aber ich muss die Einladung absagen.

4   Mit *trotzdem* und *obwohl* gibt man zum Teil recht, gibt etwas zu (räumt man etwas ein). Was passt? Ergänzen Sie.

    a   Ich bin ein guter Schüler, ... ich wirklich nie lerne.

    b   Ich lerne wirklich nie, ... bin ich ein guter Schüler.

    c   Das Fest bei den Kutschers wird wohl langweilig, ... freue ich mich.

    d   .... das Fest bei den Kutschers wohl langweilig wird, freue ich mich darauf.

Freche Frauen?

C1 a Sehen Sie sich die beiden Fotos an.
Welche Berufe haben die beiden Personen? Was meinen Sie?

Hausmann ■ KFZ-Mechanikerin ■ Technikerin ■ Hilfsarbeiter/in ■ Hausangestellter

A

B

b Würden Sie die Stelle annehmen? Warum, warum nicht? Sprechen Sie.

– Sie sind ein Mann. Man bietet Ihnen die Stelle A mit einem sehr guten Gehalt an.
– Sie sind eine Frau. Man bietet Ihnen die Stelle B mit einem sehr guten Gehalt an.

AB 13, 14 ▶ WORTSCHATZ 13
SÄTZE BAUEN 14

C2 Frauen und Karriere? Frauen und Karriere!

a Welche der folgenden Punkte sind Ihrer Ansicht nach für Frauen besonders wichtig?
Lesen Sie und kreuzen Sie an.

wichtig

für Familie und Beruf
nur Hausfrau (und Mutter) ☐
beides: Beruf und Kinder ☐
von zu Hause arbeiten können ☐
Teilzeit arbeiten können ☐
flexible Arbeitszeiten ☐

für den Beruf
mit anderen Menschen zusammenarbeiten ☐
gute Fortbildungsmöglichkeiten ☐
etwas verändern können ☐
Verantwortung haben ☐
viel Geld verdienen ☐
Karriere machen ☐
machen, was die Eltern wollen ☐

b Machen Sie eine Statistik im Kurs. Wie oft haben Sie was angekreuzt?

c Was ist Ihrer Meinung nach wichtig beziehungsweise unwichtig?
Sprechen Sie im Kurs.

d Vergleichen Sie jetzt Ihre Ergebnisse mit der Statistik auf Seite 99.
Gibt es große Unterschiede?

C3 a Sehen Sie sich die Fotos an. Um was für ein Gespräch könnte es sich bei den beiden hier handeln? Kreuzen Sie an.

ein

privates ⬜ ■ geschäftliches ⬜ ■ fröhliches ⬜ ■
trauriges ⬜ ■ ernstes ⬜ ■ neutrales

Gespräch

2.19

b Hören Sie jetzt Gespräch 1. Waren Ihre Vermutungen richtig?

2.19+20

c Lesen Sie jetzt die Aussagen 1–10. Hören Sie dann das Gespräch noch einmal und anschließend Gespräch 2. Sind die Aussagen richtig oder falsch? Kreuzen Sie an. Vergleichen Sie.

	richtig	falsch
1 Frau Müller telefoniert mit ihrem Partner / Ehemann.	⬜	⬜
2 Der Mann sucht eine Kinderfrau und Haushaltshilfe.	⬜	⬜
3 Die Frau sagt ihm, dass sie eine Bewerberin gefunden hat.	⬜	⬜
4 Die Frau ist von Beruf Lebensmittelingenieurin.	⬜	⬜
5 Die Frau hat eine hohe Position mit viel Verantwortung.	⬜	⬜
6 Die Frau kann aber nicht gut organisieren.	⬜	⬜
7 Der Mann sagt, dass am nächsten Tag schon eine Bewerberin kommt.	⬜	⬜
8 Die Kinder finden das ganz toll, dass ihre Mutter die nächste Kinderfrau wird.	⬜	⬜
9 Das Unternehmen wird der Frau bald kündigen.	⬜	⬜
10 Sie hat aber schon eine neue und bessere Stelle gefunden.	⬜	⬜
11 Die neue Stelle ist super, nur die Arbeitszeiten sind schrecklich.	⬜	⬜
12 Die Frau bekommt bei ihrer neuen Firma ein super Gehalt.	⬜	⬜

d Lesen Sie jetzt, wie Familienangehörige reagieren. Welche Kommentare können Sie gut verstehen? Kreuzen Sie an.

Oma: Das ist komisch. Erst arbeitet das Kind ihr Leben lang für ihre Karriere und dann wirft sie sie einfach weg. Ich verstehe die jungen Leute nicht mehr. ⬜

Opa: Das war doch keine Existenz, da allein in Zürich. Endlich hat sie verstanden, wo sie hingehört. Hätte sie das bloß eher gemacht. ⬜

Schwester: Für die Kinder ist das vielleicht gut, aber jetzt haben sie viel weniger Geld. ⬜

Bruder: Das habe ich nicht erwartet. Und verstehen kann ich das auch nicht. Es hat doch alles gut funktioniert. Ich bin enttäuscht. Ein Skandal. ⬜

Schwiegermutter: Was für eine Überraschung. Na ja, vielleicht hatte sie ja Probleme in Zürich. Wer weiß. ⬜

> Das Unternehmen **wird** ihr **kündigen.**
> Wie **wäre** es gleich morgen?
> **Könnten** Sie mir meine Unterlagen bringen?
> Ich **würde** das wieder machen.
> **Hätte** sie das bloß eher **gemacht.**
> GRAMMATIK 15–21

AB 15–21

SÄTZE BAUEN 22

C4 Was hätten Sie gemacht, wenn Sie in der Situation von Frau Müller gewesen wären? Bilden Sie Gruppen. Sprechen Sie und begründen Sie Ihre Position.

> Also, ich hätte auch gekündigt. Die Kinder wären mir nämlich viel wichtiger.

> Ich glaube, ich hätte das nicht gemacht. Ich in Zürich, meine Kinder in Düsseldorf!

> Ich kann das zwar verstehen, aber ich hätte ...

Fokus Grammatik: Konjunktiv II – im Kontext

1 Lesen Sie die Beispiele. Überlegen Sie immer, wie man das in Ihrer Muttersprache /
in einer anderen Sprache, die Sie fließend sprechen, sagen würde.

jemandem etwas vorschlagen

1 Sie könnten doch Freitagabend fahren und Sonntag zurückkommen. | mit könnt- + Infinitiv

2 Ich würde Samstagmorgen fahren und Sonntagnachmittag zurückkommen. | mit würd- + Infinitiv

3 Wie wäre es, wenn du doch lieber hierbleiben würdest? | mit (es) wär- / würd- + Infinitiv

2 **jemandem einen Rat / eine Empfehlung geben**

1 Sie sollten wirklich nicht fahren, Sie sind doch krank! | mit sollt- + Infinitiv

3 **jemanden zu etwas auffordern**

1 Könnten Sie mir bitte noch heute die Unterlagen bringen. | mit könnt- + Infinitiv

2 Würden Sie mir bitte erklären, wie das funktioniert? | mit würd- + Infinitiv

3 Ich möchte / hätte gern ein Steak. | mit möcht- / hätt- gern

4 **Wünsche ausdrücken**

1 Ich möchte heute nicht ins Fitnessstudio gehen. | mit möcht- + Infinitiv

2 Ach, ich wäre wirklich gern auf dem Fest bei den Kutschers. | mit wär-

3 Ich hätte gern etwas mehr Zeit. | mit hätt-

4 Ich würde gern zu den Kutschers fahren. | mit würd- + Infinitiv

5 Könnte ich bitte Herrn Müller sprechen? | mit könnt- + Infinitiv (+ bitte)

6 Ich möchte den Direktor sprechen. | mit möcht- + Infinitiv (+ bitte)

5 **irreale Bedingungen ausdrücken**

a **mit wenn (und falls)**

1 Wenn ich jung wäre, würde ich mir einen neuen Computer kaufen. | Realität: Ich bin nicht jung.

2 Ich würde wieder studieren, wenn ich nicht arbeiten müsste. | Realität: Ich muss arbeiten.

3 Wenn ich nicht arbeiten müsste, würde ich wieder studieren. | Realität: Ich muss arbeiten.

4 Falls ich eines Tages im Lotto gewinnen würde, würde ich aufhören zu arbeiten. |
   Realität: Ich habe noch nicht gewonnen und gewinne wahrscheinlich auch nicht.

b **ohne wenn (und falls)**

1 Wäre ich reich, müsste ich jetzt nicht mehr arbeiten.

2 Würde ich eines Tages im Lotto gewinnen, würde ich aufhören zu arbeiten.

3 Müsste ich nicht arbeiten, würde ich wieder studieren.

4 Ich hätte das nicht gemacht.

6 **irreale Wünsche**

1 Hätte sie das bloß eher gemacht. | mit hätt- + Partizip II + Modalpartikel;
   Realität: Sie hat es nicht gemacht

2 Wäre ich doch bloß nicht hingegangen. | mit wär- + Partizip II + Modalpartikel;
   Realität: Ich bin hingegangen.

Meinung äußern (irreale Bedingungen) (→A3b)

Ich würde … machen. ■ Ich würde … nicht (mehr) machen, obwohl … ■ Ich würde … machen, aber … ■ (etwas ist …), trotzdem würde ich das machen. ■ (etwas ist) zwar …, aber ich finde das gut.

„laut überlegen" (→B1c)

Das muss ich mir noch überlegen. Den ganzen Tag mit … zusammen, das brauche ich nicht / das finde ich besonders schön. ■ Also ich weiß nicht, was ich machen soll. ■ Ich würde zwar / eigentlich gern fahren, aber … / weil … / obwohl … ■ Ich glaube, mir ist das zu teuer / …. ■ Ich finde das toll. Ich möchte unbedingt fahren, weil …

sich für eine Einladung bedanken (→B2)

Vielen Dank, dass Sie mich … ■ Es ist wirklich (sehr) nett, dass Sie mich eingeladen haben.

eine Einladung absagen / annehmen (→B2)

Es tut mir sehr leid, aber ich kann leider nicht kommen. ■ Ich würde zwar gern kommen, aber … ■ Ich komme sehr gern. ■ Ich nehme die Einladung gern an, ich kann aber leider nur am …

auf eine Absage / Zusage reagieren (→B2)

Das macht doch nichts. ■ Das ist doch überhaupt kein Problem. ■ Das freut uns sehr. ■ Da freuen wir uns. ■ Das ist aber schön. ■ Schön, dass Sie kommen können. ■ Uns tut es sehr leid, aber ich kann verstehen, dass … ■ Schade, dass Sie nicht kommen können. Wollen Sie es sich vielleicht noch einmal überlegen.

etwas bewerten (→C4)

Also ich hätte auch … ■ Ich glaube, ich hätte das nie gemacht … ■ Ich kann das zwar verstehen, aber ich hätte …

Überraschung/Enttäuschung ausdrücken (→C3d)

Das ist komisch. ■ Das hätte ich nie erwartet. ■ Was für eine Überraschung. ■ Ich bin enttäuscht.

Verneinung mit *nicht* und *kein-*

Ich arbeite heute nicht.
Ich bin nicht faul.
Ich bin nicht der beste Koch.
Ich fahre nicht nach Weimar.
Ich bin kein guter Koch.
Ich habe keine Lust zum Lesen.
Es gibt heute keine frischen Tomaten.

Regel: Sätze und Satzteile negiert man normalerweise mit *nicht*. Bei Nomen mit unbestimmtem Artikel (ein-) oder Nomen ohne Artikel nimmt man *kein-*.

einen Widerspruch / Gegensatz formulieren

Ich möchte gern ins Theater, aber heute bin ich zu müde.
Ich gehe zwar gern ins Theater, aber heute bin ich zu müde.

etwas einräumen

Ich bin gut in Deutsch, obwohl ich nie die Hausaufgaben mache.
Ich mache nie die Hausaufgaben, trotzdem bin ich gut in Deutsch.

Konjunktiv II – verschiedene Funktionen

Sie könnten doch Freitagabend fahren. | Aufforderung

Sie sollten wirklich nicht fahren. | Ratschlag / Empfehlung

Ich hätte gern ein Steak. | Wunsch / Bitte

Könnte ich bitte Herrn Müller sprechen? | Wunsch / Bitte

Wenn ich im Lotto gewinnen würde, müsste ich nicht mehr arbeiten. | irreale Bedingung

Ich hätte das nicht gemacht. | irreale Bedingung

Hätte sie das bloß eher gemacht. | irrealer Wunsch

Futur

Das Unternehmen wird ihr kündigen. | Vorhersage / Vermutung / Versprechen / Vorsatz

Anhang

Freut mich

Rolle **A**

Lesen Sie genau, wer Sie sind. Wählen Sie die weibliche beziehungsweise
die männliche Hauptrolle. Markieren Sie die wichtigen Informationen.
Fragen Sie im Kurs, wenn Sie etwas nicht verstehen.
Beantworten Sie die Fragen Ihrer Lernpartnerin / Ihres Partners B.
Stellen Sie ihr/ihm (Rolle **B**) Fragen zu allen Punkten in der Tabelle.

Vorname / Familienname	Vincent / Michelle Rosenauer-Dechant (bitte das Passende auswählen)
Funktion im Verein	Ausbilder/in für Ersthelfer
Alter	28
Beruf	Goldschmied
Arbeit	eigenes, kleines Geschäft mit Werkstatt
Wohnort	Tübingen
Wohnung	altes Haus in der Stadt, über der Werkstatt
Familienstand	ledig, mit Lebensgefährtin / Lebensgefährten
Lebensgefährtin / Lebensgefährte	Angestellte/r bei der Stadt, Rathaus
Kinder	Kind des Partners / der Partnerin: Tochter, sieben Jahre alt, geht zur Schule
Arbeitszeit	manchmal sehr viel, auch am Wochenende, manchmal wenig
Ausland	selten, nur im Urlaub, meistens Mecklenburger Seenplatte
Sport	nein, keine Zeit; früher: rudern
Auto	nein, kein Auto, manchmal Auto mieten
Fahrt zur Arbeit	keine, Partner/in Roller, Kind zu Fuß zur Schule
Urlaub	Partner / Partnerin sechs Wochen, Sie selber eigentlich keinen, immer viel Arbeit
Person, die Sie vorstellen	Ida Schultze, Kollegin aus Tübingen, ebenfalls Ausbilderin

Rathaus

Mecklenburgische Seenplatte

Tochter

Roller

Mal was anderes! A4

Rolle A

- neue Erfahrungen sammeln
- Englischkenntnisse verbessern
- direkten Kontakt zur Natur haben
- etwas zum Schutz der Wildtiere tun
- Kontakt zu den Menschen dort haben
- eine tolle Chance bekommen

Gefällt mir C1 b

Lösung:

Text	A	Titel und Bild 2
Text	B	Titel und Bild 1
Text	C	Titel und Bild 3
Text	D	Titel und Bild 6
Text	E	Titel und Bild 5
Text	F	Titel und Bild 4

Lesen Sie den Text. Lesen Sie dann die Aufgaben a und b. Lesen Sie anschließend den Text noch einmal und lösen Sie die Aufgaben. Machen Sie anschließend die Aufgaben c und d.

Couchsurfing ist ein weltweites Netzwerk, das Reisende mit Menschen auf der ganzen Welt verbindet. Eigentlich eine ganz einfache Geschichte: Man meldet sich bei Couchsurfing an und lässt sich registrieren. Dabei gibt man ein ehrliches und genaues Profil seiner Person: Name, Land, Wohnort, Interessen, Beruf, Sprachkenntnisse und was einem sonst noch wichtig ist, möglichst mit Foto. Besonders wichtig sind dabei die korrekten Kontaktdaten, da man sonst nicht erreicht werden kann. Couchsurfer bie-  ten so einander die Möglichkeit, einige Tage bei ihnen zu Hause in der Familie zu wohnen. Die Gäste bekommen kostenlose Unterkunft und Verpflegung. Außerdem zeigt man ihnen möglichst viel von sei- ner Heimat, seinem Heimatort und unterstützt den Kontakt zu anderen Menschen. Erfahrungen, die man mit seinen Besuchern beziehungsweise mit seinen Gastfamilien gemacht hat, werden auf der Homepage veröffentlicht. Obwohl man seine Gäste also vorher nicht kennt, kann man vorher schon ziemlich viel über sie erfahren. Heute gibt es schon fast drei Millionen Couchsurfer auf allen Kontinenten in 246 Ländern. Couchsurfing ist so eine einmalige Möglichkeit, interessante Leute und unbekannte Städte kennenzulernen.

a Couchsurfing
Steht das im Text? Ja oder nein? Kreuzen Sie an.

	ja	nein
1 Couchsurfing ist ein Netzwerk für Reisende, die billige Fremdenzimmer suchen.	☐	☐
2 Couchsurfer kennen ihre Gäste oder ihre Gastgeber vorher nicht.	☐	☐
3 Das Übernachten ist für Couchsurfer kostenlos, aber für das Essen muss man etwas bezahlen.	☐	☐
4 Couchsurfing ist fast auf der ganzen Welt bekannt.	☐	☐
5 Couchsurfing ist eine Möglichkeit, Menschen in vielen verschiedenen Ländern kennenzulernen.	☐	☐

b Wie funktioniert die Kontaktaufnahme mit anderen Couchsurfern?
Was ist richtig? Kreuzen Sie an. Es sind mehrere Antworten richtig.

1 Mitarbeiter im Netzwerk Couchsurfing organisieren die Reisen zu registrierten Couchsurfern. ☐
2 Zuerst muss man sich anmelden und registrieren lassen. ☐
3 Man muss ein möglichst genaues Profil mit den eigenen Kontaktdaten erstellen. ☐
4 Wenn man reisen will, muss man die Personen, die man besuchen will, über diese Kontaktdaten kontaktieren. ☐

c Welche Kontaktdaten würden Sie in Ihrem Profil angeben?
Vergleichen Sie im Kurs.
Sagen Sie auch, warum Sie sich für die Angaben entschieden haben.

1 Telefon- und Faxnummer (Festnetz) ☐
2 Nummer des mobilen Telefons (Handy) ☐
3 E-Mail-Adresse ☐
4 genaue Adresse / Postadresse ☐
5 ... ☐

d Waren Ihre Vermutungen im Kurs richtig?
Wie würden Sie Couchsurfing jetzt erklären? Schreiben Sie.

Freut mich

Rolle B

Lesen Sie genau, wer Sie sind. Wählen Sie die weibliche beziehungsweise
die männliche Rolle. Markieren Sie die wichtigen Informationen.
Fragen Sie im Kurs, wenn Sie etwas nicht verstehen.
Beantworten Sie die Fragen Ihrer Lernpartnerin / Ihres Partners A.
Stellen Sie Ihr/ihm B (Rolle A) Fragen zu allen Punkten in der Tabelle.

Vorname / Familienname	Karl August / Anna Maria Meier-Cervantes (bitte das Passende auswählen)
Funktion im Verein	Pressearbeit in Düsseldorf
Alter	32
Beruf	Ingenieur/in, Manager/in
Arbeit	in Essen
Wohnort	Düsseldorf
Wohnung	kleines Reihenhaus
Familienstand	verheiratet
Ehefrau / Ehemann	Karin / Karl, Grundschullehrer/in
Kinder	drei Söhne, einer fünf Jahre alt; Zwillinge, drei Jahre alt; gehen alle in den Kindergarten
Arbeitszeit	ungefähr neun Stunden am Tag, außer auf Geschäftsreisen
Ausland	jeden Monat drei Geschäftsreisen, USA, Italien, Schweiz; nächstes Jahr vielleicht für drei Jahre nach Indien
Sport	manchmal Fußball mit Freunden aus dem Studium; Joggen: jeden Tag
Auto	praktisches Auto für die Familie, viel Platz
Fahrt zur Arbeit	S-Bahn, auf der Autobahn immer Stau; zur S-Bahn-Haltestelle mit dem Fahrrad
Urlaub	sechs Wochen, geht aber meistens nicht; Partner/in zwölf Wochen Schulferien
Person, die Sie vorstellen	Dr. Ingo Schultheiß, Vorsitzender im Ortsverein

Reihenhaus

Grundschule

Auto: Gepäck für den Urlaub

Kinder

S-Bahn Richtung Düsseldorf aus Essen

Also gut, geht in Ordnung B3

Wählen Sie die Argumente aus:

pro Online-Shopping	kontra Online-Shopping
– Es ist bequem: Computer hochfahren, Produkt auswählen, bestellen; man muss nicht „in die Stadt gehen".	– Man kann nichts anfassen, anprobieren oder ausprobieren.
– Die eingekauften Sachen werden direkt nach Hause geliefert.	– Das Umtauschen ist kompliziert, man muss die Sachen zurückschicken.
– Man kann einkaufen, wann man will: Es gibt keine Öffnungszeiten.	– Die Lieferzeiten sind sehr unterschiedlich. Oft muss man sechs Tage warten.
– Man muss auf keinen Verkäufer warten.	– Oft muss man Porto zahlen. Wenn man wenig kauft, ist das teuer.
– Man muss nicht an einer Kasse anstehen.	– Oft muss man für einen Mindestbetrag bestellen.
– Man spart Zeit: Man kann die Preise direkt vergleichen und muss nicht mehr in tausend Geschäfte gehen.	– Online-Shopping macht überhaupt keinen Spaß. Es ist viel schöner, mit Freundinnen / Freunden einkaufen zu gehen.
– Man hat keinen Fahrstress: Man muss nicht mit den öffentlichen Verkehrsmitteln zu den Geschäften fahren oder mit dem Auto (Stau, kein Parkplatz).	– Gute Verkäuferinnen/Verkäufer sehen, was für ein Typ man ist, und können einen ganz persönlich und individuell beraten.
– Oft ist man von dem Angebot in einem Geschäft ganz durcheinander. Am Ende kauft man das falsche oder etwas ganz anderes. Das passiert einem im Internet nicht.	– Wenn man vom Online-Shop keine Rechnung bekommt, sondern direkt bezahlen muss, muss man sehr vorsichtig sein.
– Online-Shops haben einen tollen Service: Sie können Geschenke oft verpacken lassen und direkt zu der Person schicken lassen.	
– In Online-Shops werden die Produkte sehr genau beschrieben, oft mit Bewertungen von anderen Kunden.	

Dauer der Reise	Notieren Sie hier, wie lange Ihre Reise dauern soll.
	....
	....
	....

Ziel der Reise	Notieren Sie hier, wohin Sie fahren möchten. Notieren Sie auch, warum Sie dahin fahren möchten, z. B. gutes Wetter.
	....
	....
	....

Ihr Interesse	Notieren Sie hier, wofür Sie sich dort besonders interessieren.
	....
	....
	....

Verkehrsmittel	Notieren Sie hier, wie Sie reisen möchten: Flugzeug, Bahn, Schiff, Auto … Notieren Sie auch, warum.
	....
	....
	....

Profil der Gastgeber/-innen	Notieren Sie hier, wie Ihre Gastgeber/-innen sein sollen: Familie / alleinstehend / jung / …? Notieren Sie auch, warum.
	....
	....
	....

Glückwunsch C3

1 Wer übernimmt welche Rolle?

Rolle A

Sie haben eine Prüfung / ein Vorstellungsgespräch. / …

Rolle B

Sie sind eine gute Freundin / ein guter Freund.

2 Worum geht es? Prüfung / Vorstellungsgespräch / …
3 Lesen Sie das Dialogmuster mit den Wendungen und Ausdrücken und wählen Sie aus, was zu Ihrem Dialog passt.
4 Schreiben Sie Ihren Dialog. Lesen Sie ihn dann mit verteilten Rollen.
5 Spielen Sie Ihren Dialog anschließend frei.

▲ Hallo, … Freut mich / Schön, dich zu sehen.

● Hmmm …

▲ Was ist denn mir dir los? Seit Tagen gehst du nicht ans Telefon. Und hier sieht man dich auch nicht mehr. Da stimmt doch was nicht. Also, sag schon, was ist mit dir los?

● Da. Lies. (man hört, dass sie/er ein Notizbuch hervorholt und blättert)

▲ Prüfung / Vorstellungsgespräch / …. Und, was bedeutet das?

● Siehst du auch das Datum.

▲ Ach du Schreck, das ist ja morgen.

● Genau. Das ist es ja.

▲ Mathe / … / In der Firma, wo du dich beworben hast / …?

● Hmm … Und wenn ich die / das nicht schaffe, kann ich das ganze Semester noch einmal machen / muss ich das Schuljahr wiederholen / bleibe ich arbeitslos / …

▲ Und, hast du nicht gelernt? / hast du dich nicht vorbereitet?

● Doch, doch.

▲ Hast du's nicht verstanden? / Hast du die Qualifikation nicht? /…?

● Doch, eigentlich schon.

▲ Was ist dann das Problem?

● Ach, ich weiß nicht. Ich hab einfach so ein schlechtes Gefühl. Was ist, wenn es nicht klappt?

▲ Ach, Quatsch, das klappt schon. Komm, jetzt gehen wir erst mal eine Runde joggen. In einer halben Stunde im Park. Okay? Bis gleich.

▲ Und, fühlst du dich besser?

● Ja, schon. Danke. Jetzt mach ich noch eine Aufgabe / lese mir das noch einmal durch / … und dann guck ich mir meinen Lieblingsfilm an.

▲ Genau. Also, viel Glück! Du schaffst das, da bin ich mir ganz sicher.

Mal was anderes! A4

Rolle B

- praktische Erfahrungen sammeln
- Vorbereitung auf das Studium „Soziale Arbeit"
- Kontakt zu Kindern und Jugendlichen
- tolle Möglichkeit, Theorie und Praxis zu verbinden
- das Arbeitsleben kennenlernen
- im Team zusammenarbeiten

Wer sagt das? Student (S) oder Beamtin (B)?
Sie lesen hier nur Teile des Gesprächs.
Ordnen Sie zu.

☐ Wir möchten ein Straßenfest machen. Und ich habe gehört, da brauchen wir eine Genehmigung?

☐ Ja, bitte, nehmen Sie Platz. Worum geht's?

☐ Also, da hatten wir die Idee: Wir machen ein Straßenfest.

☐ Wissen Sie, viele haben einfach auch nur Vorurteile. Gegen Studenten, manche vor allem gegen ausländische Studenten.

☐ Wir wollen da Musik machen, Essen verkaufen, Kuchen anbieten …

☐ Und jemand meinte, ich muss hier fragen, ob wir das dürfen.

☐ Genau, da brauchen Sie eine Genehmigung.

☐ Und, bekommen wir die?

☐ Also, wann soll denn das Straßenfest stattfinden?

☐ Sie müssen die Genehmigung drei Wochen vor dem Termin haben.

☐ Was haben Sie denn so vor?

☐ Gut, und sonst nichts, kein Programm?

☐ Ach so, hier steht alles, also wir haben einen Clown, für die Kinder, und Spiele natürlich. Klar, und ein Kasperletheater, das mache ich.

☐ Unsere Bands, die machen Musik, ab 18 Uhr.

☐ Bis?

☐ Bis 22 Uhr?

☐ Genau, und keine Minute länger. Sonst müssen Sie Strafe zahlen, bis zu 5000 Euro.

☐ Also, ich drucke Ihnen ein Formular aus, das Datum und so weiter habe ich schon eingetragen. Füllen Sie bitte alles genau aus, wie wir das besprochen haben, und bringen Sie mir das Formular wieder. Sie bekommen dann in ein paar Tagen die Genehmigung.

☐ Und dann bekomme ich Geld von Ihnen: Zirka hundert Euro kostet das, wenn Sie die Luisenstraße für ein Fest mieten. Das Geld überweisen Sie bitte auf das angegebene Konto.

☐ So, hier (ist) Ihr Formular, legen Sie es dann unterschrieben da auf den Tisch.

☐ Herzlichen Dank.

Gut, obwohl ... C2 d

1 **Lesen Sie die folgenden Informationen.**

Welche Rolle der Mann in der Gesellschaft spielt und welche Rolle die Frau, das hat sich in den letzten Jahrzehnten sehr verändert. Die folgende Statistik zeigt, was sich die Frauen wünschen, was für sie wichtig ist. Mehr als zwei Drittel wollen Kinder *und* einen Beruf. Nur vier Prozent der Frauen wollen nur Hausfrau und Mutter sein. Die Frauen wollen interessante Berufe mit Verantwortung.

für Familie und Beruf	*finden wichtig*
nur Hausfrau (Mutter)	4 %
Beruf und Kinder	77 %
Teilzeit arbeiten können	51 %
Vollzeit arbeiten können	51 %
von zu Hause arbeiten	83 %

für den Beruf	*finden wichtig*
mit anderen Menschen zusammenarbeiten	91 %
gute Fortbildungsmöglichkeiten	91 %
etwas verändern können	79 %
Verantwortung haben	62 %
viel Geld verdienen	61 %
Karriere machen können	68 %
machen, was die Eltern wollen	8 %

2 **Markieren Sie in der Statistik die Ergebnisse, die im Kurs und in der Statistik ungefähr gleich sind.**

Farbe 1 (z. B. grün): Die Ergebnisse sind im Kurs und in der Statistik ungefähr gleich.

3 **Markieren Sie in der Statistik die Ergebnisse, die sich von denen in Ihrem Kurs stark unterscheiden, in einer anderen Farbe.**

Mal was anderes! A4

Rolle C

- die Kenntnisse über umweltpolitische Themen verbessern
- die Branche der erneuerbaren Energien kennenlernen
- technische Zusammenhänge besser verstehen
- von erfahrenen Ingenieuren lernen
- den Menschen neue Energieformen erklären

Das tut gut C2 b

1 Sie haben sich für das Thema A oder für das Thema B entschieden.

2 Lesen Sie die Inhaltspunkte in den Folien und die Aufgaben.
Machen Sie sich zu jedem Inhaltspunkt Notizen. (Vielleicht haben Sie auch ein paar Fotos? Vielleicht gibt es im Internet passende Bilder?)

Thema **A**

Folie 1

Aufgabe: Stellen Sie Ihr Thema vor. Erklären Sie den Inhalt und die Struktur Ihrer Präsentation.

So isst man in meiner Heimat.
(Titel des Vortrags)

....
....
....

Folie 2

Aufgabe: Berichten Sie über die Essgewohnheiten in Ihrem Heimatland.

Wann man isst.
(Uhrzeit, Mahlzeiten)

....
....
....

Folie 3

Aufgabe: Berichten Sie über die Essgewohnheiten in Ihrem Heimatland.

Wie man isst.
(Allein, zusammen, vor dem Fernseher?)

....
....
....

Folie 4

Aufgabe: Berichten Sie über die Essgewohnheiten in Ihrem Heimatland. Geben Sie auch Beispiele und sagen Sie, was Ihnen am besten schmeckt.

Was man isst.
(Lieblingsgericht, traditionelle Speisen?)

....
....
....

Folie 5

Aufgabe: Berichten Sie von Ihrer Situation oder einem Erlebnis in Zusammenhang mit dem Thema.

Was Ihnen persönlich besonders gut gefällt oder welche Probleme Sie haben.

....
....
....

Thema **B**

Folie 1

> Aufgabe: Stellen Sie Ihr Thema vor. Erklären Sie den Inhalt und die Struktur Ihrer Präsentation.

So esse ich.
(Titel des Vortrags)

....
....
....

Folie 2

> Aufgabe: Berichten Sie über Ihre persönlichen Essgewohnheiten.

Wann Sie essen.
(Uhrzeit, Mahlzeiten)

....
....
....

Folie 3

> Aufgabe: Berichten Sie über Ihre persönlichen Essgewohnheiten.

Wie Sie essen.
(Allein, zusammen mit anderen?)

....
....
....

Folie 4

> Aufgabe: Berichten Sie über Ihre Essgewohnheiten. Geben Sie auch Beispiele und sagen Sie, was Ihnen am besten schmeckt.

Was Sie essen.
(Lieblingsgericht,
traditionelle Speisen?)

....
....
....

Folie 5

> Aufgabe: Berichten Sie von Ihrer Situation oder einem Erlebnis in Zusammenhang mit dem Thema.

Ist Ihre Ernährung gesund?

....
....
....

3 Wählen Sie Ihre Wendungen und Ausdrücke aus, die Sie für Ihren Vortrag nutzen möchten. Ordnen Sie sie zu.

Ich möchte euch / Ihnen erzählen, was man in meiner Heimat isst / wie ich esse. ■ Zuerst erzähle ich Ihnen, was / ... ■ Dann berichte ich darüber, ... ■ Ich erzähle Ihnen auch, ... ■ Zum Schluss erzähle ich noch / zeige ich noch ... ■ Zum Frühstück / Mittagessen / ... isst man ... / esse ich ... ■ Frühstück essen wir / esse ich um ... ■ Zum Frühstück isst man bei uns / esse ich nichts / sehr viel, nämlich ... ■ Abends / ... isst die ganze Familie zusammen. Da gibt es ... ■ ... Am liebsten essen wir / isst man / esse ich .... Also das ist ... ■ Haben Sie / Habt Ihr noch Fragen?

4 Üben Sie Ihren kurzen Vortrag für sich selbst.

5 Halten Sie dann Ihren kurzen Vortrag in der Gruppe.

6 Haben Ihre Zuhörerinnen / Zuhörer noch Fragen? Dann beantworten Sie sie.

7 Überlegen Sie jetzt: Haben Sie alles gesagt, was Sie sagen wollten?
Halten Sie Ihren kurzen Vortrag einfach noch einmal, wenn Sie etwas vergessen haben.

8 Wie war Ihr kurzer Vortrag? Was hat Ihnen gefallen? Was würden Sie gern besser machen?
Wie fanden die anderen in der Gruppe den Vortrag? Was hat ihnen gefallen?

Ihr Name*:	
Datum:	
Texteingabe:	

* Dafür benutzt man in der Regel einen Fantasienamen, mit dem man sich angemeldet hat.

Die folgenden Wendungen und Ausdrücke helfen Ihnen:

Das ist wirklich eine traurige / schockierende / ... Geschichte. ▪ Ich kann gar nicht glauben, dass ...
jemand so wenig Geld hat / man jemanden ohne Grund verhaften kann / man einfach Geld stehlen
kann ▪ Aber es stimmt vielleicht, dass es manchen Menschen schlecht geht / manche Menschen
Probleme haben / keine andere Lösung finden. ▪ Ich kann mir aber nicht vorstellen, dass das
stimmt. / ein Rentner wirklich so wenig Geld hat. / man das nicht merkt. ▪ Gut gefällt mir der
Kommentar von ..., Sie / Er hat recht. / Das stimmt. ▪ Ich finde auch, dass ...

Lösungen – Fokus Grammatik

Seite 17 / 18: 1c 3: 3b; 4: 3b; 5: 2; 6: 2; 7: 2; 8: 3a **2a** 1 Er sagt, dass er Sonja nett findet. 2 Weißt du eigentlich, dass ich mich bei einer Marketingfirma beworben habe? 3 Ich habe gestern erfahren, dass ich den Italienischtest geschafft habe. **2b** 1 Ich weiß wirklich nicht, ob die Kinder schon schlafen. 2 Erzähl mir doch, was passiert ist. 3 Sag mir doch endlich, ob etwas passiert ist. 4 Tut mir leid, ich weiß nicht mehr, wann sie das gesagt hat. 5 Wissen Sie, wie das Gerät funktioniert? 6 Ich weiß auch nicht, ob das Gerät jetzt funktioniert. 7 Sie will wissen, warum ich gestern nicht gekommen bin. **3** 1 Das freut mich, dass du die Prüfung geschafft hast. / Schön, dass du die Prüfung geschafft hast. 2 Das tut mir aber leid, dass du die Prüfung nicht geschafft hast. / Schade, dass du die Prüfung nicht geschafft hast. **4** 2 Informieren Sie bitte Ihre Teilnehmer darüber, dass der Unterricht morgen ausfällt. 3 Wir müssen darüber nachdenken, wie wir das den Kindern erklären. 4 Wir sind dafür, dass die Stadt mehr Kindergärten baut. **5** 4 wie ... kommen 5 dass ... habe / der Termin 6 wie ist / deine Telefonnummer 7 wie ... geht / diese Mathematikaufgabe

Seite 25: 2 b Das mache ich ... c ... du? d Das ist mir nicht ... e Für ihn gehört ... f Ihr gefällt ... g Wie geht es Ihnen? **3** a Haben Sie das im ...? b Hier ist mein neuer Vertrag und hier ist auch die Unterschrift vom Chef. Die ist am ... c ... Aber dem ist doch ... d Ach, ich nehme die da ... e ... Ich glaube, dieser hier steht mir ... **4** a ... Meins ist Surfen. b ... Aber die passt nie zu meiner. ... c ..., seine waren leider ... **5a** 1 ... oder würdest du gern eins spielen? 2 Stopp, gib mir noch schnell eine, ... 3 ... da, noch einer. ...? 4 könnte ich bitte noch welche haben? 5 ..., nur ich hab keins.

Seite 29: 1c 2 –; sich; mir 3 –; dich 4 –; mich **2** 1 uns 2 sich 3 sich 4 sich 5 euch 6 mich; uns 7 mich 8 sich 9 uns; mich; uns

Seite 36: 1 a Z; b G; c G; d Z; e G; f G; g G; h G **2a** 1 e; 2 a; 3 b; 4 c; 5 d **2b** 1 b; 2 a; **3** a Ich möchte nicht als Auslandskorrespondent arbeiten, weil man dann oft bis Mitternacht im Büro sein muss. / denn dann muss man oft bis Mitternacht im Büro sein. / dann muss man nämlich oft bis Mitternacht im Büro sein. b Ich möchte gern Auslandskorrespondentin werden, denn dann habe ich flexible Arbeitszeiten. / weil ich dann flexible Arbeitszeiten habe. / ich habe dann nämlich flexible Arbeitszeiten. c Die Sprache darf nicht zu kompliziert sein, damit die Leute verstehen, was in Deutschland passiert. d Sie lebt mitten in der Stadt, weil sie Großstädte liebt. / denn sie liebt Großstädte. / sie liebt nämlich Großstädte. / Sie liebt Großstädte, deshalb lebt sie mitten in der Stadt. e Das Leben in Berlin ist bunt und interessant, deshalb liebt er diese Stadt. / Weil das Leben in Berlin bunt ist, liebt er diese Stadt. f Ich gehe nach Kanada, um mir dort einen neuen Job zu suchen.

Seite 39: 1a A 1; B 2 **b** Vorschlag: 3, 4, 5 **2b** freundlicher **3** Du solltest vielleicht etwas Warmes trinken. Du solltest doch lieber in ein Café gehen. Du solltest einfach in ein Museum gehen. …

Seite 45: 1b 1 Gegenwartsform 2 Gegenwartsform 3 Vergangenheitsformen; A1; B2; C3; D3
2 1 b; 2 b; 3 d; 4 a; 5 d; a 6 d; c; d; a; b **3a** A 1, 2, 4; B 1, 2, 4; C 1, 2, 3, (4 ist auch möglich, aber seltener)
5 Plusquamperfekt kommt in allen Textsorten vor. **b** 2

Seite 48: 1 Beispiele: a Am vierten Juni 1981. b Seit drei Jahren. c Vor zwei Tagen. d Bis zum 1. Juli. / Vom 5. Mai bis 10. Oktober. e Im Oktober. / Vom 22. August bis 11. September. f Bis zum Abitur. / Bis ich das Zertifikat habe. g Um 16 Uhr. **2** a nachdem b wenn c bis d seit e als f während g bevor h sobald / wenn i sobald / wenn **4** a: l; b: b; c: b; d: l; e: l; f: l

Seite 55: 1 Online-Anbieter **2b** 2 Der Mann da drüben auf dem Bürgersteig, den du da vor dem Schreibwarengeschäft siehst, das ist unser neuer Bürgermeister. Ist das nicht ein schicker Mann? 3 Was? Mir wollen Sie das Gemüse verkaufen, das die anderen nicht haben wollten? Ich weiß genau, warum die das nicht haben wollen. 4 Tss, da ist schon wieder der ältere Mann, der immer so ein Theater macht. Der glaubt immer, man will ihn betrügen. 5 Morgen ist unser Bürgerfest, bei dem du mal wieder nicht mitmachst. Du gehst ja lieber auf eine Demonstration. 6 Welche Demo? Meinst du etwa die, die dein lieber Bürgermeister verboten hat? Aber dem werden wir es zeigen. Das lässt sich unsere Bürgerinitiative nicht gefallen. **c** 1 am Anfang 2 am Ende des Satzes. 3 von dem Verb im Relativsatz ab **3** a bei dem b die c der d der; über den

Seite 57: 2a Imperativformen: Text A, Hauptsatz: Text A, B; kurze Wörter / Infinitivformen: Text A, C; Konjunktiv-II-Formen: Text D

Seite 65: 1 a ins Badezimmer – hinter die Toilette – in die Ecke – neben das Waschbecken – ins große Zimmer – an diese Wand hier – vor das Fenster – im kleinen Zimmer – im Wohnzimmer – zwischen die Kommode und den Fernseher – hinter den Sessel – auf den Teppich – unter das Bett – hinter das Sofa – in den Müll (*auf die Nerven gehen* ist ein fester Ausdruck mit Präposition) **b** 1 im kleinen Zimmer 2 im Bad; unter der …lampe 3 in der Garderobe; neben dem Schrank; im Wohnzimmer; an der linken Wand 4 zwischen den beiden Sesseln; auf dem kleinen Teppich 5 vor dem Fenster; hinter dem Schreibtisch 6 über dem Sofa **c** 1 Dativ 2 Akkusativ **2** 1 vom Arzt; aus meinem Büro 2 beim Arzt; zu Hause (fester Ausdruck); zum Zahnarzt; nach Wien **3** 1 hinten / unten / oben; oben 2 draußen 3 oben / hinten 4 unten; oben

Seite 68: 1 a Julius Müller b Lehrer / Maurer / deine Mutter (grammatisch richtig, aber im Allgemeinen kein sinnvoller Satz c Lehrer / Maurer d deine Mutter **2** b Limonade c das Buch d das Schnitzel e den Eisbecher f zwei Koffer g deine Bücher h das Geräusch i das Fußballspiel j diesen kalten Wind k deinen Chef **3** b meinen Kollegen / ihnen c dem Polizisten / dem d dem Jungen / ihm e der Frau / ihr f dem Dieb / ihm **4** 1 Meinem Großvater. 2 Dem Nachbarskind. 3 der ganzen Familie 4 Dem 5 mir **5** (Beispiele) Ich interessiere mich für Kunst. Ich bin für den Bau von Kindertagesstätten. Ich bin gegen Atomstrom. Ich ärgere mich über unehrliche Politiker. Ich achte auf meine Ernährung.

Seite 74: 1a d Ich habe mich entschlossen, die Stelle in Hamburg anzunehmen. e Ich bin enttäuscht, dich hier in dieser Kneipe zu treffen. f Ich habe nicht erwartet, von Ihnen betrogen zu werden. g Ich bin entschlossen, dieses Studium zu schaffen, … h Ich hasse es, morgens früh aufzustehen. i Hindern Sie mich nicht daran, hier hineinzugehen. … **2a** Ich habe heute keine Lust, ins Schwimmbad zu gehen. / Er hat Angst, seine Arbeit zu verlieren. / Sie hat keine Zeit, jeden Abend zu kochen. usw. **b** Es ist gut, täglich Sport zu machen. Es ist wichtig, eine interessante Arbeit zu haben. Es ist schlecht, viel Fast Food zu essen. Es ist gesund, viel zu Fuß zu gehen. Es ist ungesund, viel Fleisch zu essen. Es ist nicht leicht, früh aufzustehen. **3** b er denkt nicht daran, c interessieren sich nicht dafür

Seite 79: 1 b (Beispiele) Ich kann heute Abend zum Einkaufen gehen. Ich kann morgen doch nicht ins Kino gehen, ich habe viel Arbeit. Ich kann heute Abend kochen, wenn du vorher einkaufen gehst. **5** 1 möchte 2 möchte 4 will

Seite 86: 2a 1 nicht 2 nicht 3 nicht / nicht 4 nicht 5 nicht 6 nicht 7 kein 8 kein 9 keine 10 kein **b** Satz 1–6; 7–10 **3a** (*aber* kann auch an anderen Stellen stehen, das lernen Sie auf dem Niveau B2. Achtung: *aber* kann auch eine Partikel sein: *Du bist aber groß geworden.* | Man ist erstaunt, hat es nicht erwartet. *Jetzt aber schnell.* | verstärkte Aufforderung **4** a obwohl b trotzdem c trotzdem d obwohl

Ziel B1+ | **ANHANG**   103

Quellenverzeichnis

Cover: von oben links: © panthermedia/Nicole Schröder, © fotolia/hallona, © panthermedia/Petra Barz, © panthermedia/Yuri Arcurs, © iStockphoto/gradyreese, © fotolia/Swetlana Wall, © panthermedia/Jonathan Ross, © iStockphoto/LPETTET, © iStockphoto/sturti, © fotolia/Mirko Meier, © panthermedia/Pascal Krause, © fotolia/Nimbus

S. 10: © panthermedia/Ingram Vitantonio Cicorella

S. 11: links oben und unten © Uli Stein/Catprint Media GmbH, rechts oben © www.ce-comico.de, Marcus Gottfried, rechts unten © Michael Luz

S. 12: von links oben: © panthermedia/Franck Camhi, © panthermedia/Yuri Arcurs (4x)

S. 13: von links oben: © fotolia/st-fotograf, © panthermedia/Erwin Wodicka, © panthermedia/Christian Schwier, © panthermedia/Pascal Krause, © ddp images/dapd, © fotolia/kzenon, © fotolia/senoldo, Collage Glücksbringer: Pfennig © fotolia/MPower223, Schornsteinfeger/fotolia/Firma V, Hufeisen © fotolia/HLPhoto, Klee © fotolia/Tanja Bagusat,Schwein © fotolia/Mirko Meier, Marienkäfer © fotolia/Swetlana Wall

S. 15: oben von links: © fotolia/Moritz Wussow, © fotolia/Peter Atkins, © panthermedia/Volker Göllner, © MHV-Archiv; unten von links: © iStockphoto/gradyreese, © fotolia/Stauke

S. 21: oben © panthermedia/Bernd Kröger, unten © panthermedia/Martin F.

S. 22: Statistik unter A1a nach: Ulrich Deinet, Markus Mildner, Matthias Spaan, Christina Wodtke: Methodenset Lebensweltanalyse am Ort der Schule. URL: http://www.sozialraum.de/methodenset-lebensweltanalyse-am-ort-der-schule.php, Datum des Zugriffs: 04.10.2011

S. 23: Mitte © Reinhard Kopiez, unten © panthermedia/Andres Rodriguez; Text B2 mit freundlicher Genehmigung von Reinhard Kopiez

S. 25: © panthermedia/Philip Lange (2x)

S. 26: oben von links: © panthermedia/Andres Rodriguez (Surfbrett © iStockphoto/skodonnell), © panthermedia/Monkeybusiness Images, © panthermedia/ Jonathan Ross, Text aus http://couchsurfing-ma.blogspot.com, mit freundlicher Genehmigung von Manuel Vogler

S. 27: von links oben: © Bad Zurzach Tourismus AG (2x), © action press/Rex Features Ltd., © iStockphoto/ConstanceMcGuire, © iStockphoto/LPETTET

S. 29: oben von oben: © iStockphoto/sturti, © fotolia/Yuri Arcurs; unten von links: © iStockphoto/AVAVA, © iStockphoto/emyerson

S. 31: A © panthermedia/Ingram Vitantonio Cicorella, B © panthermedia/Grischa Georgiew, C © panthermedia/Helma Spona, D © fotolia/Igor Korionov, E © panthermedia/Meseritsch Herby, F © fotolia/Nimbus

S. 32: oben © panthermedia/Jan Daniel, Mitte von links oben: © panthermedia/Iris Woldt, © panthermedia/Yuri Arcurs, © fotolia/OlgaLIS, © iStockphoto/AndreyPopov, © iStockphoto/quavondo

S. 34: Nguyen Xuang © David Ausserhofer, Nazmun Nesa Piari © Eventpress, Text Neues aus der Hauptstadt (verändert) aus: de – Magazin Deutschland/ Ausgabe 6/2009/Katja Winckler

S. 35: s. S. 34

S. 37: von links: © getty images/Photographer's Choice/David Leahy, © panthermedia/Andres Rodriguez, © iStockphoto/Goruppa, © iStockphoto/nyul, © iStockphoto/izusek, © iStockphoto/rgbspace

S. 39: unten © iStockphoto/piskunov

S. 41: oben von links: © fotolia/toolklickit, © panthermedia/Arne Trautmann, © panthermedia/Maik Bruns, © panthermedia/Corinna F, © panthermedia/Matthias Hause, © MHV-Archiv

S. 42: © fotolia/Tyler Olson (2x)

S. 43: © fotolia/Robert Kneschke

S. 45: links © fotolia/hallona, rechts © fotolia/Photosani

S. 47: von oben: © iStockphoto/Melbye, © getty images/Digital Vision/Hummer, © fotolia/deanm1974, © iStockphoto/podgorsek

S. 49: oben © panthermedia/Phovoi R., Mitte © fotolia/Conny Hagen

S. 51: von links: © panthermedia/Bernd Jürgens, © fotolia/iceteastock, © F1 online/beyond fotomedia rm

S. 52: oben © fotolia/Martina Berg, Mitte von links: © fotolia/Jürgen Fälchle, © iStockphoto/leezsnow

S. 55: © iStockphoto/SkyF

S. 56: © pitopia/Maria Eleftheria

S. 57: von oben: © F1 online/Drive Images, © fotolia/Robert Kneschke, © iStockphoto/craftvision

S. 58: 1 © iStockphoto/spfoto, 2 © fotolia/fotofreaks, 3 © fotolia/Aleksandr Bedrin, 4 © iStockphoto/happykimmy, 5 © iStockphoto/alexxx1981, 6 © fotolia/Robert Kneschke

S. 59: © fotolia/ERWINO Photodesign

S. 61: oben: Tasse © iStockphoto/flyfloor, Aufdruck © fotolia/Bernd Ege; Mitte: 1 © panthermedia/Gunther Kirsch, 2 © fotolia/thierry planche, 3 und 4 © MHV-Archiv; alle Icons © fotolia

S. 62: von links: © panthermedia/Franz Steffelbauer, © fotolia/Jan Schuler, © fotolia/Oliver Weber, © panthermedia/Thomas Pirtschke

S. 63: von links: © fotolia/Eva Gruendemann, © panthermedia/Thomas Nagel

S. 64: A © Belen Hermosa, www. bespace.es, B © KNECHT manufaktur, www.knecht-manufaktur.de, C © artificial jürgen j. burk, www.artificial.de, D © MHV-Archiv, E © Antti Ahtiluoto, Designers Arttu Kuisma & Janne Melajoki, F © Leo Kempf, www.leokempf.com, G © Christian Lessing, www.christianlessing.de, bezogen über Erfinderladen Berlin, Salzburg, www.erfinderladen-berlin.de, H © Resign Italy, www.resign.it, I mit freundlicher Genehmigung von Casamania, J © Controprogetto, www.controprogetto.it, K © schubLaden, www.schubladen.de, L © iStockphoto/Viorika, M © www.lovekompott.com

S. 65: oben © fotolia/EastWest Imaging; unten von links: © fotolia/diego cervo, © Picture-Alliance/Alina Novopashina, © Caro/Teschner

S. 66: Icons © Unece, United Nations Economic Commission for Europe, unten © panthermedia/Christian Schwier, Texte A,B,C,D © Bundesinstitut für Risikobewertung

S. 69: von links: © fotolia/seen, © fotolia/Dron, © panthermedia/Andreas Münchbach, © fotolia/TheSupe87, © MHV-Archiv, © fotolia/nikomi; Mitte von links: © iStockphoto/Edin, © fotolia/dipego; unten © fotolia/rubysoho

S. 71: Zeichnungen © Jana Ruprecht, www.jane-turpentine.com, Gedicht Die Ameisen (leicht verändert) von Joachim Ringelnatz aus Das Gesamtwerk in sieben Bänden. Band 1: Gedichte, Zürich 1994, S. 65-66

S. 72: oben von links: © fotolia/Frank Röder, © fotolia/Gorilla, © fotolia/Blacky, © Shotshop/danstar, © panthermedia/Laura Boese, © panthermedia/ Hannes Eichinger; A © panthermedia/JCB Prod, B © fotolia/iceteastock, C © iStockphoto/ChuckieEgg, D © fotolia/Monkey Business

S. 73: E © iStockphoto/monkeybusinessimages

S. 75: von links: © panthermedia/Petra Barz, © panthermedia/Heike Brauer, © iStockphoto/matka_Wariatka, © panthermedia/Liane Matrisch, © iStockphoto/Mkucova, © fotolia/coco194, © iStockphoto/ValentynVolkov, © panthermedia/Liane Matrisch

S. 76: © fotolia/Robert Kneschke

S. 77: von links oben: © fotolia/ConnyKa, © fotolia/Barbara Pheby, © fotolia/Esther Hildebrandt, © fotolia/Volker Wit, © panthermedia/Monika Wendorf

S. 78: © fotolia/El Gaucho

S. 81: 1 © panthermedia/Pavel Losevsky, 2 © iStockphoto/AVTG, 3 © panthermedia/Nicole Schröder, 4 © panthermedia/PengGuang Chen, 5 © action press/ Lehtikuvo Oy

S. 82: © panthermedia/Peter Uphoff, © mauritius images/Alamy, © iStockphoto/grahamheywood, Text und Logo unten mit freundlicher Genehmigung von www.spiel-ohne-grenzen.net, Thomas Kreidl

S. 84: Rahmen © fotolia/claudio, Foto © iStockphoto/SochAnam

S. 85: © Aron Yhat

S. 87: von oben links: © panthermedia/Monkeybusiness Images, © iStockphoto/leaf, © fotolia/helix, © fotolia/Kzenon

S. 88: von links: © panthermedia/Sawimedia S. Willnow, © fotolia/Andres Rodriguez

S. 91: von links: © fotolia/meailleluc.com, © panthermedia/Thomas Brenner

S. 92: von links: © Bürger-und Verkehrsverein Tübingen, © panthermedia/Evelyn Taubert, © fotolia/farbkombinat, © panthermedia/JCB Prod

S. 93: Surfer © panthermedia/Robert K., Wasser © fotolia/Stéphane Parisi, Sofa © iStockphoto/Karl Thaller

S. 94: von links: © panthermedia/M. Perez Leal, © pitopia/Ulrike Steinbrenner

S. 95: von oben links: © fotolia/federicofoto, © fotolia/Stuart Monk, © fotolia/Felix Horstmann